느긋한 제자

An Unhurried Life

속도 중독 사회에서 제자로 살아남기

느긋한 …
제자

앨런 패들링 지음 | 최요한 옮김

국제제자훈련원

이렇게 스트레스가 심하고 정신없이 돌아가는 삶 속에서 내면의 평안
과 진정한 힘을 얻을 수 있을까? 인정받는 영성 사역자인 저자는 자신
의 통찰과 경험을 이야기로 엮어가면서, 순간순간 맞닥뜨리게 되는 위
기 상황과 주변의 급한 요구에도 불구하고 어떻게 하면 능력 있는 삶
을 살아갈 수 있는지를 보여준다.

해럴드 마이라 Harold Myra

《크리스채너티 투데이》전 CEO, 《격려》저자

영혼의 위대함은 느긋한 생활에서 나온다. 우리와 똑같이 고군분투하
는 저자는 이 책에서 이웃을 진심으로 사랑하고 알아가는 길인 예수님
의 느긋한 생활을 소개한다. 이 책은 유진 피터슨이 쓴 훌륭한 책《목
회자의 영성》에 이어서 읽어도 좋을 만큼, 영성 고전으로 손색이 없다.

젠 존슨 Jan Johnson

아주사퍼시픽 대학교 교수, 《하나님의 임재를 즐기는 삶》저자

앨런 패들링은 이 시대에 꼭 필요하면서도 탁월한 책을 썼다. 나는 이 책이 영성 분야의 고전이 될 것이라고 믿는다. 하나님은 그리스도를 본받는 느긋한 삶으로 우리를 초대하신다. 심오하면서도 마음에 와 닿고 도전을 주는 저자의 글을 통해 나는 그 사실을 깊이 깨달았다. 만약 당신이 이 책을 집어 들었다면, 천천히 음미하며 읽으라고 권하고 싶다. 당신은 느긋하신 구세주와 함께 이전과는 차원이 다른 교제를 나누게 될 것이다.

L. 폴 젠슨 L. Paul Jensen

리더십연구소 설립자 겸 소장, 풀러 신학교 교수

《느긋한 제자》는 초고속으로 움직이는 세상을 따라잡는 부단한 노력과 효율이라는 우상을 파헤친다. 패들링은 우리에게 하나님과, 또 서로와 하나가 되어 이런 문화를 정면에서 맞서라고 권한다.

스티브 A. 매키아 Stephen A. Macchia

리더십 변화 설립자 겸 회장, 고든콘웰 신학교 피어스 제자훈련센터 소장

밑줄을 그을 만한 문장들과 예리한 질문들, 이 시대에 적실하면서도 기존 관념을 깨는 통찰로 가득하다. 개인 또는 리더 교육과 소그룹 모임 그리고 다양한 지적 활동에 적합한 책이다.

잭 에즈윈 Zack Eswine

커버넌트 신학대학원 설교학 교수, 《현대인을 위한 성경적 설교》 저자

이따금 "이 책은 내 인생을 바꿨어!"라고 솔직하게 말할 수 있는 책을 만난다. 《느긋한 제자》가 바로 그런 책이다. 나는 실제적인 믿음을 갖도록 동기를 부여하는 앨런 패들링의 글에서, 속도를 늦추고 예수님과

동행하면 영성의 더 깊은 세계로 들어갈 수 있음을 배웠다. 디지털과 소셜 미디어의 발달로 '연결 과잉' 상태이지만 오히려 진정한 연결은 결핍된 사회 속에서 살아가는 우리들에게 꼭 필요한 메시지다.

덕 필즈 Doug Fields

새들백 교회 교육 담당 목사, 《새들백 교회 청소년 사역 이야기》 공저자

성경의 풍성한 비유와 구체적인 적용에 기반한 패들링의 접근 방식은 폭넓고, 실제적이며, 스스로 깨우치도록 이끌어준다. 이 책은 인생의 변화를 갈망하며 그 방법을 찾는 이들에게 유용하면서도 풍부한 해답을 제시해줄 것이다.

《퍼블리셔 위클리》 2013년 5월 13일자

안식을 통해 하나님을 예배하는 법에 대한 쉽고도 탁월한 책이다. 특별히 사역자들과 평신도 지도자들에게 유용하다. 오랜 경험이 녹아있는 패들링의 글을 읽으며, 우리는 리더로서 스스로의 마음을 다잡고, 다른 이들을 섬기는 법을 배우게 될 것이다. 또한 느긋한 자세로 침묵과 평안 속에서 하나님을 발견하게 될 것이다.

《처치 라이브러리》 2013년 가을호

차례

1장   예수님은
         느긋하셨다

나는 재활 치료를 받고 있는 속도 중독자다. 물론 마약은 아니다('스피드'라는 이름의 마약이 있다―옮긴이). 내가 말하는 것은 내면의 속도다. 나는 늘 조급하게 굴었다. 고속도로에서는 앞차를 추월할 기회만 노렸고 마트에서는 줄이 짧은 계산대만 찾았고 일을 할 때는 금세 마칠 수 있는 방법만을 궁리했다. 어쩌면 병인지도 모른다. 하지만 우리는 바쁘게 움직이는 문화 속에서 살고 있다. 빨리 도착하려 애쓰고 서둘러 일하는 것은 나만의 이야기가 아니다. 사실 느긋해서 득이 될 게 없는 세상이다. 게다가 교회의 속도는 세상의 속도 못지않게 빠르다.

회복을 향한 여행, 곧 조급함을 버리고 여유를 누리는 인생을 위한 여행은 이십 대에 시작되었다. 당시 나는 대학부 전임목사, 풀러 신학대학원 재학생, 갓 결혼한 새신랑이었다. 애석하게도 내 삶의 우선순위 또한 이 순서였다. 오래지 않아 위기가 닥쳤다.

그때까지만 해도 나는 하나님의 목적을 위해 일하는 것보다 더 중요한 것은 없다고 믿는 사역자였다. 하지만 더 이상 사역도 생활도 계속할 수 없는 상태에 이르렀다. 앞으로 삼사십 년은커녕 몇 년, 아니 몇 달도 버틸 수 없을 것 같았다. 겨우 이십 대에 도저히 이 생활을 지속할 수 없을 정도로 탈진 증세를 보였다.

그즈음 대학원에서 신설한 '대학생 리더십과 제자도' 과목을 수강했다. 대학부 목사로서 놓칠 수 없는 과목이었다. 분명 대학생들을 지도하는 데 필요한, 훌륭한 통찰을 많이 얻었을 텐데 어찌 된 일인지 기억나는 것은 없다. 오히려 조용히 혼자서 하나님을 오래 만날 수 있었던, 강의에 포함된 두어 번의 일일 수련회만 기억날 뿐이다. 바쁘게 지내다가 첫 수련회에 참석했을 때는 소위 재활원에 입소한 마약 중독자들이 겪는다는, 금단 현상에 버금가는 증세가 나타났다. 딱히 해결할 문제도, 가야 할 곳도, 도울 사람도 없는 상황에서 나는 어쩔 줄을 몰랐다. 내면생활의 조급함이 드러났다. 수양관에서 할 수 있는 일이라고는 듣는 것뿐이었고 같이 있을 분이라고는 하나님뿐이었다. 그 수련회는 지금껏 내가 이십 년 넘게 하고 있는 여행의 시작이었다. 나는 여전히 재활 치료를 받고 있다.

예수님이 느긋하셨다고?

내 여행에 이정표 역할을 한 문장들이 있다. "서두르게 만드는 것은 가차 없이 끊어야 합니다."[1] 존 오트버그(John Ortberg)가 사역의 전환기에 들었던 말이라고 한다. 서두르는 것과 가차 없음을 연결시킨 이 문장은 내 영성 지도에 큰 가르침을 주었다. 《평범 이상의 삶》(*The Life You've Always Wanted*, 국제제자훈련원)에서 오트버그는 "서두르면 일정만 꼬이는 게 아니다. 마음까지 꼬인다"라고 말한다.[2] 정말 맞는 말이다. '서두른다, 서두르지 않는다'는 것은 물리적인 속도만 말하는 게 아니다. 가만히 있지 못하고 걱정에 싸여 정신없이 분주한 마음까지 이르는 말이다.

근래에 내 친구 빌(Bill)은 여러 사람을 영적 변화로 이끈 달라스 윌라드(Dallas Willard)와 이야기를 나눈 적이 있다.[3] 달라스는 간단한 질문을 던졌다.

"예수님을 한 단어로 표현하라면, 뭐라고 하겠습니까?"

어떤 단어가 어울릴까? 스승님? 주님? 긍휼? 나올 수 있는 대답이 한두 개가 아닐 것이다. 달라스는 빌의 대답을 듣고 자신의 생각을 이야기했다. "느긋하다."

느긋하다? 그럴 리가! 전혀 생각하지 못했던 단어였다. 빌도 마찬가지였다. 당신은 어떠한가?

개인적으로 '느긋하다'라는 말이 불편했다. '게으르다, 나태하다, 이기적이다'라는 뜻으로 들렸기 때문이다. 하지만 빌이 그 이야기를 했을 때 나는 예수님이 느긋하셨다는 것을 가벼이 넘길 수 없었다. 느긋한 구주에 대해 정말 알고 싶었다. 사흘의 시간을 비웠다. 그러고는 '예수님이 과연 느긋하셨을까? 정말 서두르는 법이 없으셨을까?'라고 거듭 물으며 사흘 내내 복음서만 읽었다.

시간이 흐르고 하루하루가 지날수록 예수님이 주변 사람들보다 더 느긋하셨다는 것이 명확해졌다. 삼십 년을 기다린 끝에 시작하신 그분의 첫 사역은 성령을 좇아 광야에서 사십 일을 지내는 것이었다. 공인이 되고 싶다면 명성을 떨치라고 친아우들이 재촉했지만 예수님은 걸려들지 않으셨다(요 7:4-6). 회당장의 딸을 고치러 가는 길에는 어찌나 느긋하신지 답답할 정도였다(막 5:22-43). 병든 친구 나사로를 방문하는 길에도 서두르지 않기는 마찬가지였다. 예수님이 이틀을 지체하시는 바람에 나사로는 죽고 말았다(요 11:1-43). 그분의 시간 개념은 주변 사람들을 어리둥절하게 만들었다.

예수님의 느긋한 속도는 21세기의 속도와 뚜렷이 대조된다. 이를테면 나의 교역자 친구들 중에는 서른 살까지 기다린 후에 사역을 시작한 사람이 드물다(눅 3:23). 게다가 광야에서 사십 일을 보내는 것으로 사역을 시작한 사람은 아무도 없다(눅 4:1-2). 예수님은 성령을 따르는 데 서두르는 법이 없으셨다. 예수님은 광야에서 무슨 일을 하셨을까? 금식하는 동안 마귀의 유혹을 받으셨다. 성부가 정확한 때에 주기로 약속하신 것을 스스로 성급하게 성취하도록 예수님을 도발하는 것, 그게 유혹의 본질이었다. 이 이야기는 4장에서 자세히 설명하겠다. 아무튼 하루가 천 년 같은 하나님의 시간 개념과 우리의 시간 개념이 사뭇 다르다는 것은 놀랄 일이 아니다(벧후 3:8).

오늘날 그리스도인들이 예수님의 느긋한 속도에 맞춰 생활하고 사역하면 분명 치유와 활력을 얻을 것이다. 하지만 하나님을 위해 얼마나 많은 일을 해냈는가, 하나님 나라를 실현하려는 목적을 가진 모임에 얼마나 많이 참석했는가 따위로 믿음의 크기를 논하는 사람이 많다. 물론 하나님은 우리가 하는 일을 기쁘게 여기신다. 하지만 하나님께 집중하고 그분과 우정을 나눌 때 더욱 기뻐하신다고 믿는다.

이 주제에 맞게 나는 1장의 초고를 수양관의 조용한 방에 머물면서 썼다. 목가적인 환경이었다. 창밖으로 길게 펼쳐진 나무와 풀밭은 하늘을 향해 찬양하는 듯했다. 휴대전화는 통화 권역에서 벗어났다. 다른 때 같으면 득이 될 게 없었겠지만 그때는 확실히 유리한 상황이었다. 조용하고 여유로운 환경에서 나는 서두르고 싶은 충동과 싸웠다. 당장 끝마쳐야 할 일이 전혀 없는데도 조급했다. 서두르는 게 버릇이 되었다. 나는 늘 비상에 걸린 사람처럼 산다. 속도를 재촉하는 외부의 압박이 없는데도 불분명한 '그다음 일'을 찾아서 해야 할 것 같은 충동을 느낀다. 병이다. 치료를 받아야 한다. 은혜를 받아야 한다. 예수님께 느긋하게 사는 법을 배워야 한다.

내 마음에서 일하시는 하나님의 영은 성급하고 조급하게 움직이기 십상인 내게 은혜의 속도로 움직이는 법을 가르쳐주셨다. 나는 또한 느긋한 것과 게으른 것은 다르다는 점을 깨달았다. 사실 이 둘은 정반대다.

서두르는 게
효율적이라는 세상

내가 서두르는 데는 몇 가지 이유가 있다. 당신이 서두르는 까닭도 이와 비슷할지 모른다. 첫째, 일을 빨리 할수록 더 많은 일을 할 수 있다고 배웠다. 어쩌면 그렇게 훈련을 받았는지도 모른다. 물론 전혀 틀린 말은 아니다. 하지만 내가 완수하는 모든 일이 내가 생각하는 만큼 하나님께도, 또는 심지어 나 자신에게도 중요한 일인지는 확신할 수 없다. 많은 일을 빠른 속도로 해치우면서도 그 일을 하는 이유를 잊은 지 오래다. 또한 하나님이 주신 가장 큰 계명은 '일을 많이 하라'가 아니라 '능력과 재능과 열정을 바쳐 그분을 사랑하고 그 사랑을 다른 사람에게도 베풀라'는 것임을 알고 있다. 사랑은 조급하게 굴지 않는다. 바울이 사랑을 묘사한 유명한 대목에서 처음으로 언급한 사랑의 특징은 '참을성'이다(고전 13장). 참을성은 서두르지 않는 덕목이다. 우리가 쉽게 기르지 못하는 덕목이기도 하다. 하나님이 나를 통해 하시고 싶은 일이 있고 나에게 하시는 말씀도 있는데 내가 효율을 따지는 데 몰두하는 바람에 대부분 놓친다. 목적지에 도착하는 데 급급한 사람은 여행을 즐기지 못한다.

둘째, 속도 중독뿐 아니라 빠른 것에 대한 문화적 가치도 우리의 태도를 형성한다. 우리는 빠른 것을 좋아한다. 우리 문화는 빠른 것, 효율적인 것, 신속한 것에 가치를 둔다. 기다리게 하는 것은 나쁘다. 원하는 것은 지금 당장 손에 넣어야 한다. 군말은 필요 없다. 내 손에 넣은 것이 과연 자신이 간절히 바라는 것인지는 관심이 없다. 서두르라는 것은 수년 동안 광고 회사들이 가르친 생활 방식이다!

속도에 대한 우리의 편애는 언어에서도 드러난다. 잠시 사전을 펼쳐서 '느리다'라는 단어를 찾아보라. 부정적인 뜻이 얼마나 많은지 눈여겨보라. 내가 이용하는 마이크로소프트 워드 사전에서 형용사 '느리다'에 대해 가장 먼저 소개하는 세 가지 뜻은 다음과 같다. '게으르다', '진척이 더디다', '우둔하다'. 《메리엄웹스터》(Merriam-Webster)에는 '느리다'의 뜻이 열 개가 넘게 등재되어 있다. 절반이 부정적인 뜻이고 나머지는 중립적이다. 긍정적인 뜻은 '서두르지 않는다' 하나뿐이다. 반면 '빠르다'라는 어휘에는 긍정적인 뜻이 훨씬 더 많다.

자, 서두르는 것과 지루한 것에 대해 생각해보자. 권태는 현대적 현상이란 것을 아는가? 지루함이란 바쁜 활동 사이에서 느끼는 허전함을 묘사하는 말이다. 나는 1960년대 캘리포니아 주 새크라멘토의 시골 같은 교외에서 자랐다. 지금 아이들이 지루하다고 말했을 법한 것들을 정상으로 여기던 느긋한 시절이었다. 비디오 게임, DVD, 휴대전화 같은 것들은 보급되지 않았다. 우리 집에서 작은 TV로 볼 수 있는 채널은 세 개뿐이었다. 공영 방송인 PBS와 지역 방송 한두 개가 전부였다. 만화는 토요일 아침에 즐기는 특별한 오락이었다. 하루 스물네 시간 일주일 내내 볼 수 있는 것도 아니었다.

느긋한 것은 게으른 것도 단순한 것도 태평한 것도 무관심한 것도 아니다. 게으름, 단순, 태평, 무관심이라는 네 가지 단어에서 우리 문화의 잘못된 생각이 드러난다. '서두르는 게 효율적이다. 서두르는 게 생산적이다. 서두르는 것은 내가 중요한 사람이라는 증거다.' "어떻게 지내?" 하고 물었을 때 흔히 듣는 대답이 무엇인지 생각해보라. "바쁘게 지내"라는 대답이 우세하다. 엄살을 부리거나 체념하는 투로 말하는 경우가 많지만 그 이면에는 "그럭저럭"이나 "요사이 내 멍에는 쉽고 내 짐은 가벼워"라고 대답하면 못난 사람 취급을 받는다는 신념이 깔려있다. 바쁜 것과 거기에 함축된 성공적인 생을 다른 사람들이 우러를 것이라 여긴다. 하지만 나는 서두르는 인생의 결과가 점점 하찮게 보인다. 서두르는 인생이 장기적으로 과연 풍요로울까?

기술이 낳은 것은 여유가 아니라 조급증

역설적이게도 1960~1970년대 이후 여가의 증가와 훨씬 더 여유로운 생활을 약속하는 기술 덕분에 우리의 바쁜 일상은 더 바빠졌다. 오히려 할 일은 늘고 휴식 시간은 줄어들어 생활의 속도가 한층 더 빨라졌다. 우리는 짧은 시간에 더 많은 일을 할 수 있게 되었다. 기술을 이용해 노동과 활동을 분 단위로 나누어 진행한다. 빡빡한 일상으로 녹초가 되고 집중력이 떨어진다는 것은 알아채지 못한다. 어느 때보다 일을 많이 하지만 그 덕분에 의미 있는 인생을 살게 되었다고 주장할 사람은 드물다. 사실 시간 병리를 다루는 전혀 새로운 과학이 등장했을 정도다. 시간 압박. 시간 재촉. 가장 심각한 것은 조급증이다.[4]

서두르는 것이 현대의 문제만은 아니다. 1800년대에 퍼시 애인스워스(Percy Ainsworth) 목사는 이렇게 말했다.

분주한 세상은 당신 주위에서 불안한 발걸음으로 활보하고 불안한 심장으로 고동칠 것이다. 그러면 당신은 몰아치는 일 속에서 조금도 가만히 있지 못할 것이다. 하지만 그리스도 안에서는 영혼을 위한 안식을 찾을 수 있다. 본분이 영원하다는 것을 알기에 일을 멈추고 쉴 것이다. 희생이 영원하다는 것을 알기에 봉사를 멈추고 쉴 것이다. 사랑이 영원하다는 것을 알기에 지상의 순수한 친교를 멈추고 쉴 것이다. 서두르지 않는 인생, '그리스도를 믿는' 자들은 그런 인생을 살 것이다.[5]

애인스워스가 '서두르지 않는'이라고 말한 것을 '느긋한'이라고 바꾸어 말하고 싶다. 애인스워스가 설명한 느긋하게 사는 것, 이게 내가 바라는 삶이다. 그는 나처럼 바쁘게 사는 것보다 쉼표가 있는 삶을 열망했다. 그는 1909년에 죽은 사람이다! 서두르는 것은 백 년 전이나 오늘이나 똑같은 현실이다. 하지만 지금 우리에게는 굉장한 속도로 빠르게 움직일 수 있는 기술이 있다. 오늘 우리가 800킬로미터를 차로 운전하고 8,000킬로미터를 비행기로 이동하는 데 걸리는 시간은 백 년 전 30킬로미터를 여행하는 데 걸렸던 시간과 맞먹는다. 서두르는 것은 당연히 우리에게 큰 문제다. 내부의 다급함에 기술의 힘을 더하면 외부의 다급함으로 표출된다.

기술이나 교통과 관련한 속도에 불만을 품고 있는 것은 아니다. 나는 굼벵이 같은 전화 모뎀으로 인터넷에 접속하고 싶은 마음이 없다. 친척을 만나기 위해 마차를 타고 800킬로미터를 달리고 싶지도 않다. 게다가 몇 주 혹은 몇 달 동안 여행해야 하는 기차나 배와는 반대로 하루 만에 멀리 떨어진 곳에 도착할 수 있는 비행기가 있어서 고맙다.

걷는 속도로
돌아가라

로널드 보이드맥밀란(Ronald Boyd-MacMillan)은 《불굴의 믿음》(*Faith That Endures*)에서 지난 세기 중국의 이름난 왕밍다오(Wang Mingdao) 목사와 몇 차례 나누었던 대화를 소개한다.[6] 그가 박해받는 유명한 중국인 목사를 처음 만났을 때 두 사람은 이런 이야기를 나눴다.

> "젊은이, 하나님을 어떻게 따르시는가?" 나는 성경 공부, 기도 같은 훈련을 죽 열거했다. 그가 짓궂게 대꾸했다. "아닐세. 하나님을 따르려면 반드시 걷는 속도로 가야 하네."[7]

나는 왕밍다오의 말에 깊이 감동받았다. 전력 질주를 하듯이 살 때가 많은 내가 '걷는 속도'로 하나님을 따르는 그리스도인의 생활에 대해 말할 자격이 있을까? 물론 우리는 "인내로써 우리 앞에 당한 경주를 하"지만 "믿음의 주요 또 온전하게 하시는 이인 예수를 바라보"면서 달리는 데는 실패했는지도 모른다(히 12:1-2). 예수님은 나에게 같이 걷자고 하신다. 나는 그분을 '위해' 달릴 때가 많다. 이 두 가지는 다르다!

보이드맥밀란은 왕밍다오를 다시 만난 자리에서, 중국에서 예수를 전한 죄로 이십 년 동안 투옥되었던 일에 대해 물었다. 왕밍다오가 갇힌 감방은 본의 아니게 시간이 느긋하게 흐르는 장소로 변했다. 하나님의 임재에 머무르는 것 외에는 달리 할 일이 없었는데 그는 사실 그게 '전부'임을 발견했다. 보이드맥밀란은 왕밍다오에게 배운 것을 다음과 같이 정리했다.

고난을 받는 교회가 믿음을 지키는 열쇠는, 하나님은 서두르는 법이 없으시다는 사실을 아는 것이다. 그분은 마음과 더불어 일하신다. 우리는 너무 성급하다. 하나님이 완벽한 친교의 동산인 에덴을 창조하신 것은 우리를 가까이하기 위함인데도 우리는 하는 일이 몹시 많아서 하나님과 친하게 지내지 못한다. 왕밍다오에게 박해나 감방은 그가 하나님을 제대로 만나기 위해 차분하게 '걷는 속도'로 돌아가는 장소였다.[8]

느긋한 생활을 위한 옛 지혜

수 세기 전의 성경과 기독교 문헌은 느긋하게 사는 것에 대해 어떻게 말할까?

시편 46편 10절은 느긋하라고 말한다. "내가 하나님이니 너희는 느긋하게 있으라."[9] 여기 책임자가 누구인지 기억하고 안심하라는 말씀이다. 17세기 프랑스에서 가난한 사람들을 위해 일했던 뱅상 드폴(Vincent de Paul) 신부는 "서두르는 사람은 하나님의 일을 지연시킨다"라고 말했다. 내가 평소 생활하는 속도를 보면 내 믿음은 이것과 딴판이다. 곧 "서두르는 사람은 하나님을 위해 일을 많이 한다"는 식이다. 하지만 뱅상은 하나님의 일에서 서둘러 앞서가는 사람은 실은 뒤처지는 사람이라고 주장했다.

우리는 서두르면 하나님의 일을 앞당길 수 있다고 믿는 듯하다. 아브라함을 보라. 약속을 어기기라도 하실까 봐 딴에는 하나님을 돕는답시고 조급하게 결정했다. 만약 그가 하갈을 통해 아들을 낳지 않았다면 어떻게 되었을까(창 16장)? 아브라함이 서두르는 바람에 하나님의 일은 상당히 지연되었다.

잠언 19장 2절은 "지식 없는 소원은 선하지 못하고 발이 급한 사람은 잘못 가느니라"라고 말한다. 서두르면 대가를 치른다. 우리는 운전자들이 느끼는 유혹을 받는다. "길을 잃었어. 어떻게 하지? 그래! 더 빨리 달리는 거야!" 그런 식으로 서두르면 하나님의 길을 지나칠 위험이 있다. 우리는 사방으로 질주하면 하나님께 이르는 신실한 길을 찾을 수 있으리라 여기지만 사실은 그 반대다. 서두르지 않아야 하나님의 임재와 가르침에 귀를 기울일 수 있다. 나는 그 은혜의 속도에 맞춰 사는 법을 배우고 싶다. 더 느리지도, 확실히 더 빠르지도 않게.

목사이자 작가인 웨인 멀러(Wayne Muller)는 남미의 한 부족에 관한 이야기를 들려준다. 그들은 오랫동안 걸은 후에 갑자기 주저앉아 쉬기를 반복했다. 이유를 묻자 그들이 대답했다. "뒤처진 영혼이 따라올 동안 쉬어야 합니다."[10] 영혼을 남겨놓고 너무 빨리 가버린 사람에게는 때로 지루함도 선물이고 기회다.

J. B. 필립스(J.B. Phillips)는 《당신의 하나님은 누구인가?》(Your God Is Too Small, 아바서원)에서 하나님은 "결코 서두르는 법이 없으

시다"라고 말한다.[11] 결코 서두르지 않으신다. 하나님이 주시는 은혜의 속도를 깊이 깨달으면 우리의 생활과 노동은 어떻게 변할까? 우리가 그분의 느긋한 자세를 본받는다면 우리에게 어떤 일이 생길까? 그렇다면 이제 우리는 어떻게 살아야 할까? 바로 내가 이 책에서 묻고자 하는 바다.

예수와 걷는
느긋한 여행

나에게 느긋한 구주를 따르는 것은 고마운 선물이다. 예를 들어, 마음을 느긋하게 먹으면 진취적이라는 것에 대한 오해가 풀린다. 또한 내가 일을 직접 성사시키는 것보다 하나님이 무슨 일을 하시든 용기 있게 받아들이는 편이 더 낫다는 것을 배운다. 그분이 이루신다. 그분과 함께 일하는 편이 훨씬 현명한 처사다. 내가 서두르면 내 인생과 사역의 멍에는 예수님이 뜻하신 것보다 더 무거워진다.

서두르면 하나님이 보여주시고 베푸시고 이끄시는 것을 대부분 지나친다. 서두르는 것은 성공으로 가는 지름길이 아니라 생각 없이 움직이는 자동 조종 장치처럼 습관화된 행동일 뿐이다. 나는 여전히 예수님의 느긋한 생활을 눈여겨보면서 그분과 보조를 맞추는 것, 걷는 속도로 그분과 더불어 사는 게 그분이 가르치시는 풍성한 삶을 누리는 길임을 배우고 있다.

그런데 느긋한 구주를 좇는다면 인생의 속도를 얼마나 늦춰야 할까? 예를 들면 예수님은 도움이 필요한 사람들을 자주 떠나서 홀로 느긋하게 아버지를 만나셨으니 그분을 따르는 우리도 마땅히 그래야 하지 않을까? 예수님의 삶에 주목하고 그분의 가르침을 배워야 은혜의 속도로 하루를 보낸다는 것이 무엇인지 알 수 있다. 예수님을 본받아 은혜의 속도로 사는 인생은 여러모로 영적 리더십의 핵심에 이른다. 나는 진취적인 문화 한복판에서 은혜의 속도로 사는 인생이 곧 '영적 리더십'이라고 말하고 싶다. 즉 예수님이 지상에서 시작하신 하나님 나라의 일을 열심히 하면서도 맥동하는 생명과 평화의 속도로 사는 인생이다. 나는 문화의 속도에 좌우되지 않고 느긋한 내 구주가 은혜로 주시는 복을 받으며 살고 있다.

미리 보는
느긋한 제자

우리는 이 책에서 예수님이 느긋한 구주라는 것을 자세히 살펴볼 것이다. 2장에서는 예수님이 제자를 급조하지 않으셨음을 이야기한다. 첫 제자들은 제각기 희망과 꿈이 있었지만 그것 이상으로 예수님을 위해 사람들에게 영향을 주려면 성부께 귀를 기울일 줄 알아야 했다. 그분은 거기에 초점을 맞춰 제자들을 가르치셨다. 부모, 영성 사역자, 교회 자원봉사자, 사역 리더로서 영적인 영향을 주는 사람들이 유익한 통찰을 얻길 바라는 마음으로 교회 리더로 사역하는 내 이야기도 곁들였다.

3장에서는 생산성과 게으름에 대해 그리고 주도적으로 정신없이 바쁘게 뛰어다니는 것보다 느긋하게 사는 것이 더욱 생산적임을 이야기한다. 아울러 경건한 여유의 반대 개념인 '해태'(acedia)에 대해서도 알아본다. 4장에서는 광야에서 유혹을 받으셨을 때 느긋하게 대처하신 예수님의 자세에서 바람직하지 못한 충동적 행동을 여유롭게 물리칠 수 있는 법을 배우고자 한다. 5장에서는 예수님이 들려주신 선한 사마리아인의 이야기를 자세히 살펴보며 서두르지 않아야 당장 도움이 필요한 사람에게 자비를 베풀 수 있음을 깨달을 것이다. 6장에서는 예수님이 기도와 사역의 완급을 느긋하게 조절하신 것을 살펴본다. 성부를 만나기 위해 한적한 곳을 자주 찾으셨던 그분은 우리에게도 그렇게 하라고 독려하신다(눅 5:16). 곧 예수님은 우리에게 자신의 생활을 본받으라고 권하신다.

7장부터 11장까지는 예수님이 우리와 함께 누리길 바라시는 느긋한 생활 방식의 여러 가지 면을 살펴본다. 7장은 하나님이 주신 첫 선물에 대해 이야기한다. 그분은 천지를 창조하시면서 안식일을 정해 하루를 쉬셨다. 그 후 하나님은 자기 백성에게 안식일 준수를 분부하셨고 예수님은 그 계명을 폐하기는커녕 온전히 지키셨다. 8장에서는 내가 겪었던 고통에 대해 이야기한다. 고통은 우리의 속도를 늦추는, 타락한 세상의 달갑지 않은 현실이다. 사실 역경이나 고난만큼 인생의 속도를 늦추는 것도 없다.

9장에서는 충동적이고 판에 박은 듯 행동하는 우리의 미숙함을 지적하고 그리스도인의 성숙에 대해 이야기한다. 하지만 성숙은 하루아침에 이룰 수 없다. 성숙은 본래 더딘 법이다. 10장에서는 생활 속에서 하나님의 임재를 민감하게 느끼며 그분과 소박하고 풍성하게 동행하는 데 도움이 될 만한 실제적인 영성 훈련에 대해 이야기한다. 마지막으로, 11장에서는 느긋한 시간의 최종판, 곧 영생을 집중적으로 살펴본다. 우리가 그리스도의 제자로서 '지금' 영생을 살고 있음을 철저히 인식한다면 인생의 속도는 어떻게 달라질까? 영생이란 미래의 희미한 약속이 아니라 현재의 생생한 현실이므로 우리의 매일, 매 순간은 놀랍게 변화될 것이다.

느긋한 생활이라는 선물을 향유하는 데 도움을 주고자 각 장이 끝날 때마다 '느긋함을 회복하는 시간'이라는 제목으로 몇 가지 물음을 덧붙였다. 책의 주제가 여유에 관한 것이니만큼 다음 장으로 넘어가기 전에 여유를 가지고 질문 하나쯤은 꼭 생각해 보길 바란다. 모임에서 이 책을 사용한다면 다 함께 토론하는 것도 좋다. 나도 실험과 연습을 통해 느긋한 마음과 정신, 태도에서 비롯된 은혜를 받아들이는 법을 배웠다.

느긋한 생활을 위한 여행을 시작하기에 앞서 함께 기도하자. "하나님 아버지, 예수 그리스도를 통해 은혜의 속도로 사는 인생의 모범을 보여주셔서 감사합니다. 우리가 서두르는 문화에 얼마나 속박되어 있는지 아버지는 아십니다. 우리는 예수님이 사셨던 속도로 살고 싶지만 배움이 서툴고 더딥니다. 아버지의 가르침을 배울 수 있도록 말씀을 듣는 귀, 주목하는 마음, 차분한 정신을 허락해주세요. 서두르지 않고 사는 것이 불가능한 것처럼 보이지만 전능하신 하나님께 불가능한 것은 없습니다. 느긋하신 구주, 예수님의 이름으로 기도합니다. 아멘."

느긋함을
회복하는 시간 🌱

....

1 빠른 것에 가치를 두고 느린 것을 경시하는 문화에 대해 생각해보자. 당신에게 그런 성향은 없는가? 안팎으로 당신을 서두르게 만드는 것은 무엇인가? 잠시 기도하면서 느긋함이 더 풍성한 생활을 가져다줄 수도 있음을 상상해보라.

2 예수님이 느긋하셨다는 것에 대해 어떻게 생각하는가? 그 말을 처음 들었을 때 어떤 생각이 들었는가? 긍정적인 생각이었는가, 부정적인 생각이었는가? 여기서 당신의 관점이 어떻게 변하길 바라는가? 잠시 예수님과 이야기를 나눠보라.

3 나는 이 장에서 예수님의 느긋한 태도에 대해 설명했다. 그 외에 또 어떤 것이 있을까? 그 이야기들을 보면 예수님을 어떻게 따라야 할 것 같은가?

느긋한 제자

2장   인기를 얻을 텐가,
제자를 얻을 텐가

이십여 년 전, 예수님을 따르고 복음을 전하는 일에 있어 내 인생과 사역의 전환점을 맞이했다. 그 전까지 나는 소수의 헌신적인 제자를 길러 그들과 함께 예수님을 따르는 것보다 사람을 끌어모으는 데 힘썼다. 늘 서두르고 우왕좌왕했다. 오로지 연간 계획표를 빼곡하게 채우고 인원수를 늘리는 게 목표였다. 물론 대놓고 그렇게 말하지는 않았지만 예리한 사람이라면 내 목표를 꿰뚫어보았을 것이다. 대학부 인원이 늘면 만족감과 자존감이 덩달아 높아졌고, 인원이 줄어들거나 제자리걸음이면 좌절하여 자신을 쓸모없는 존재로 여겼다. 그때 우리 교회 교역자들은 이렇게 말했다. "사람이 중요하니까 사람 수를 세는 거야." 그런 계산에 자긍심을 느낄 사람은 우리 교역자밖에 없었다.

대형 교회에서 대학부 목사로 사역하다가 어느 날, 하나님을 만나 오랫동안 침묵하고 경청하는 기도에 대해 배우면서 새로운 전환기를 맞이했다. 그 전에도 이런 기도를 가르치는, 영성 계발에 관한 책을 많이 읽었다. 책의 내용에 무척 끌렸지만 실제로 그런 기도를 하지는 않았다. 바쁜 생활과 사역 탓에 엄두가 나지 않았기 때문이다. 지난 이십 년 동안 나처럼 말하는 사람을 많이 만났다. 하지만 하나님과 단둘이 시간을 넉넉하게 보내면서 느긋하게 기도하는 훈련은 내가 예수님의 제자로 성장하는 데 필수적인 일이 되었다.

그날 우리 대학원생들에게 허락된 '넉넉한 시간'은 고작 칠십오 분이었다. 수련회 리더 웨인 앤더슨(Wayne Anderson)은 그 정도가 우리에게 적당하리라고 여겼는데, 그의 생각이 적중한 듯했다. 그 시간에 여러 가지 일이 있었는데 대부분은 마지막 십 분이나 십오 분 동안에 일어났다. 처음 한 시간 동안 몸이 근질거리고 온갖 잡생각이 떠올랐다. 하나님이 아무 일도 하지 않으시고 아무 말씀도 하지 않으신다는 데 실망했다. 나는 불타는 떨기나무나 하늘이 열리는 환상, 내면의 음성 따위를 기대했던 듯하다. 게다가 빨리 경험하고 싶었다! 하지만 내가 경험한 것은 침묵과 고독이었다. 실은 수련회의 표어가 바로 침묵과 고독이었다.

그 시간을 떠올리면 특별히 기억나는 것이 있다. 나는 정욕에 대한 문제로 고뇌하고 있었는데 하나님은 수련회에 함께 참석한 크리스(Chris)에게 그 문제를 고백하라고 말씀하셨다. 혼자 기도하는 시간에 그 생각이 처음 떠올랐지만 애써 무시했다. 내 약점을 아무에게도 내보이고 싶지 않았다. 게다가 대학생 인턴이었던 크리스에게 '앨런 목사'의 볼썽사나운 모습을 내보인다는 것이 탐탁지 않았다. 하지만 기도를 시작할 때 하나님이 말씀하시는 것은 무엇이든지 공책에 적어서 실천하리라 약속한 터였다.

차로 한 시간 거리인 집으로 돌아오는 동안 나는 크리스에게 고민을 털어놓을 생각에 마음이 복잡했다. 삼십 분이 지나서야 겨우 이야기를 꺼냈다. 잠시 후 내가 말을 마치자 그는 아무 말도 하지 않았다. '맙소사, 내가 무슨 짓을 한 거야? 크리스가 앞으로 어떻게 나를 목사로 신뢰하고 존경하겠어?' 짧은 침묵 끝에 크리스는 내게 고맙다고 말하고는 자신의 약점을 털어놓았다. 이 일은 우리가 예수님의 제자로서 새롭게 성장하는 계기가 되었다. 우리가 서로 죄를 고백하자 그분의 은혜는 생명과 변화를 일으켰다. 사역을 계획하고 실행하는 바쁜 일상에서는 경험하지 못한 일이었다.

이틀 후 주일 오후, 대학부 리더들과 매주 두 시간씩 모이는 시간이 되었다. 곧 있을 몇 가지 행사에 대한 세부 사항을 조율하고는 리더들에게 예배당 주위로 흩어져 십오 분 동안 혼자서 조용히 하나님을 만나 그분 말씀에 귀를 기울이는 것이 어떻겠냐고 제안했다. 그들은 난데없는 제안에 놀랐지만 고맙게도 내 말에 따라주었다.

내게도 전혀 새로운 기도 방법이었다. 적당한 장소를 찾아 돌아다니는 동안 마음이 번잡스러웠다. 여러 가지 일로 주의가 산만했고 온갖 생각이 요동치는 탓에 갈피를 잡을 수 없었다. 잠시 후 하나님이 이런 마음을 주셨다. '서두르지 마라.' 내 생활과 사역은 출퇴근 시간에 차들로 혼잡한 도로 사정과 다를 바 없었다.

나는 운전도 빠르게, 걸음도 빠르게, 일도 빠르게 했다. 예수님은 내게 모든 것의 속도를 늦추라고 말씀하셨다.

마음을 차분하게 가라앉히자 주님은 "'믿음'을 가르치는 사람이 '근심'하면 되겠니?"라고 말씀하시는 듯했다. 나는 스스로 실천하지 않는 진리를 가르칠 때가 많은 목사였다. 내 언행에 대해 걱정이 많았다. 물론 지금도 가끔 그렇다. 그러나 예수님은 걱정하지 말고 자신을 믿으라고 말씀하셨다.

학생 리더들을 만나려고 사무실로 돌아가는데 하나님이 "오늘 밤 과제를 미루고 아내와 데이트를 하는 게 어떻겠니?"라고 말씀하시는 듯했다. 대학원 과제가 밀려있었고 아내는 주말 내내 집을 비웠다. 나는 하나님이 주신 마음에 순종하기로 마음먹었다. 그날 저녁 아내에게 지난 금요일 수련회에서 예수님을 만난 일에 대해 자세하게 이야기했다. 대학원 과제는 나중에야 마쳤지만, 내 인생과 사역의 동반자인 아내와 나누는 친밀한 대화는 과제보다 훨씬 더 중요했다.

전혀 새로운
기도 방법

다시 리더들이 한자리에 모였을 때 십오 분 동안 하나님과 단둘이 있으면서 느낀 점을 서로 이야기했다. 금요일 수련회에서 있었던 일을 나에게 미리 들었던 브라이언(Brian)은 토요일에 따로 시간을 내어 혼자서 조용히 주님을 만났다고 말했다. 그는 머릿속에 이미지 하나가 두어 차례 떠올랐지만 대수롭지 않게 여겼다. 그런데 일요일 오후에 침묵 기도를 하는 십오 분 동안 똑같은 이미지가 다시 떠올랐다. 바람이 천천히 빠지는 풍선이었다. 바람이 다 빠지면 브라이언은 풍선에 바람을 넣고 또 넣었다. 브라이언은 사역과 학교와 인생의 풍선에 바람을 불어넣듯 제힘으로 인생을 살고 있음을 깨달았다. 하나님은 브라이언에게 금세 고갈되고 마는 인간의 힘을 의지하지 말고 하나님의 변함없는 능력을 찾으라고 말씀하신 것이다.

다른 학생들도 자신이 느꼈던 점을 이야기했다. 자세한 내용까지는 일일이 기억나지 않지만 그들의 이야기가 주는 힘과 진실에서 받은 감동은 아직도 생생하다. 느긋하게 하나님께 귀를 기울이는 데 십오 분을 쓰지 않고 다 같이 모여 프로그램 하나를 만들거나 문제를 풀었다면 그만한 의미를 찾기가 어려웠을 것이다. 하나님 말씀을 경청하면 풍성한 결실을 낳는다. 그리스도인의 삶이란 '우리가 함께 예수님을 따르는' 삶이다.

나는 혼자 하나님을 만나서 침묵하고 경청하는 일을 통해 마음이 느긋해졌다. 예수님에 대해 이야기하고 그분을 위해 노예처럼 일하기보다 그분을 찾고 따르는 데 집중할 수 있었다. 차츰 학생들에게 이런 여행을 권하는 것이 내 사역이 되었다. 우리는 예수님을 따르는 생활을 함께 배웠다. 점차 그분을 '위한' 우리의 활동이 아니라 그분'에게' 주목하고 그분과 '함께' 걷고 그분과 '같이' 일하는 것에 집중했다. 우리가 제자의 삶을 함께 배웠던 때는 내 인생과 사역에서 가장 힘든 시기였다. 여러모로 행사를 계속 만들고 설교를 많이 하는 것이 더 수월했다. 그때만큼은 느긋해지는 것보다 바쁘게 일하는 것이 훨씬 더 깔끔하고 수월해 보였다.

그해 우리 부부는 소수의 학생 리더들에게 특별한 관심을 쏟음으로 대학부 사역에 변화를 주었다. 리더 모임에 속한 남녀 학생 열두 명과 함께 그리스도를 찾았다. 그들 역시 나처럼 대학부 사역의 모든 행사와 모임과 여행을 준비하느라 무척 바쁘게 일하던 학생들이었다. 우리는 두 시간 모임 가운데 삼십 분은 각자 흩어져서 하나님과 단둘이 보내는 데 썼다. 모임 장소에 따라 교회에서 걷기도 하고 동네를 거닐기도 했다. 우리는 성경 본문을 통해 하나님 말씀을 개인적으로 듣기도 하고 함께 모여 경청하는 마음으로 하나님을 기다리기도 했다. 나는 학생들이 이런 기도를 개인적으로 할 수 있다고 믿고 싶었지만 그때까지 우리의 생활과 사역 방식으로는 불가능하다는 것을 알았다. "내게로 오라, 나를 따라오라"는 말씀에 순종하고 사는 법을 우리는 함께 배워야 했다.

리더 모임에서 이런 식으로 그리스도께 집중하고 하나님께 귀를 기울이며 대학부를 위해 기도하는 동안 우리는 하나님 앞에서 서두르지 않는 것이 꽤 까다로운 일임을 깨달았다. 개인의 문제가 터져나오고 갈등이 불거졌다. 이상하게 들리겠지만, 우리는 바쁘게 일하는 데는 익숙한 반면 서로를 깊이 알아가는 데는 익숙하지 않았다. 그해 매주 모여 개인의 고민과 관계의 문제를 다루는 데 상당한 시간을 할애했다. 때로는 학생들을 두세 모둠으로 나누어 각자의 상처와 죄에 대해 논의하게 했다. 때로는 바쁘게 사역을 하느라 그동안 터놓지 못한 고민을 고백한 사람을 둘러싸고 기도하기도 했다.

그해 말, 우리 부부는 학생들을 데리고 삼 년마다 열리는 IVF (InterVarsity Christian Fellowship)의 어바나 선교대회에 참석했다. 한 번은 다 같이 오 분인가 십 분 동안 침묵하면서 하나님께 귀를 기울이는 순서가 있었다. 강당에는 18,000명이 운집했다. 그 짧은 시간에 하나님은 우리 부부에게 환상을 보여주셨다. 이상한 일이었다. 하나님이 더 이상 그런 식으로 일하시지 않는 줄로 알았다! 그날 늦게 아내는 내게 자신이 본 환상을 말해주었다. 우리는 리더들이 가득 모인 방에 있었다. 처음에는 아내가 여학생들을 만나고 곧이어 내가 남학생들을 만난 뒤 다 함께 모였다. 우리는 자신의 생활을 나누고 자신이 살아가는 이야기를 했다. 나는 환상 중에 큰 지도를 보았다. 지도는 격자 모양으로 나눠져 있었는데 아래 왼쪽 한 칸을 제외하고 모두 어두웠다. 도로와 강을 비롯한 여러 가지를 상세하게 보여주는 지도였다. 나는 앞으로 사역의 영향력이 확대될 것임을 알아차렸다.

그때 우리 부부는 겨우 이십 대 후반이었다. 다른 사람들에게 나눠 줄 인생 경험이 부족했다. 하지만 시간이 흐르자 그 환상이 예수님의 제자를 기르라는 것임을 깨달았다. 방법은 우리가 먼저 그분의 제자가 되어 다른 사람들을 그 여행으로 초대하는 것이었다. 우리는 자신을 가두는 굴레가 되어버린 사역의 쳇바퀴에서 빠져나와 우리 인생과 사역에 꼭 맞는 예수님의 느긋한 멍에를 멘 후 다른 사람들도 그렇게 할 수 있게 도왔다. 그 선택은 큰 변화를 일으켰다. 우리는 사역에 대해 달리 생각하게 되었고 더 느긋해졌다.

인기를 얻을 텐가,
제자를 얻을 텐가

엘튼 트루블러드(Elton Trueblood)는 1900년대 중기에 큰 영향력을 끼친, 내가 소중하게 여기는 영성 작가이자 철학자다. 다음은 그의 통찰이 엿보이는 '군중의 문제'라는 글의 한 대목이다.

예수님은 군중을 믿지 않으셨다. 군중은 믿을 수 없다는 게 명확한 이유였다. 그분이 고지식하다든지 5,000명을 이루는 한 사람 한 사람을 하찮게 보셨다는 뜻은 전혀 아니다. 다만 단순한 대중 운동으로는 영원한 결과를 낳을 수 없다는 간단한 사실 때문이었다. 영원한 결과를 낳는 방법은 따로 있다. 그리스도가 군중을 외면한 것은 사람들을 사랑하지 않아서가 아니라 대의에 대한 열망이 강했기 때문이다. 그리스도가 군중을 사랑하고 깊이 연민하셨다는 증거는 충분하다. "무리를 보시고 불쌍히 여기시니 이는 그들이 목자 없는 양과 같이 고생하며 기진함이라"라는 문장이 한 예다. 그분은 사람들의 고통과 곤혹을 깊이 느끼셨기 때문에 홀로 기도하기 위해, 또 측근에 있는 제자들을 가르치기 위해 군중을 계속 외면하는 게 여간 어려운 일이 아니었을 것이다.[1]

이쯤에서 고백하는 게 좋겠다. 나는 예수님과 달리 군중의 호감을 얻고 싶다. 유급 사역자가 아니더라도 누구나 이런 충동을 느낄 것이다. 나는 사람들에게 칭찬받는 게 좋다. 사람들이 나를 좋아하길 바란다. 인기를 얻으면 사람들을 즉시 움직일 수 있는 힘이 생긴다. 하지만 이는 예수님을 따르도록 사람들을 돕는 게 아니라 대단한 사람으로 인정받고 싶은 야망을 추구하고 내 욕심을 채우는 짓이다.

한편으로는 나도 예수님처럼, 사람들로 하여금 자신의 진정한 바람이나 필요를 깨닫게 하고 싶다. 우리는 자신이 원하는 것을 얻으려고 예수님을 찾을 뿐, 그분의 지도와 편달, 가르침을 달게 받고 싶은 마음은 조금도 없다. 이런 도제 교육은 시간이 걸린다. 변화는 오랜 시간에 걸쳐 서서히 나타난다. 나 역시 예수님을 더욱 가까이 따르는 일이 하루아침에 일어나지 않았고 예수님을 더욱 친밀히 따르도록 사람들을 돕는 일도 단기적으로는 내세울 게 없었다. 예수님마저도 삼 년 동안 노력한 결실이 보잘것없어 보였다. 하지만 하나님 나라의 결실은 그분의 생애 이후 수백 년에 걸쳐 나타났다.

당신이 참석했거나 이끌었던 행사 또는 집회를 떠올려보라. 우리는 사람들이 예수님을 따르고 성장하는 법을 배우려는 동기로 모이기를 바란다. 하지만 모든 사람이 그런 뜻을 가지고 모인 것일까? 그게 아니라면 나는 왜 그들이 모이는 즉시 마음을 고쳐먹으리라 기대하는 것일까? 욕심을 채우려는 사람들을 모아놓고 그들이 자신을 부인하리라 기대하는 것은 어불성설이다. 게다가 사람들이 떠나지 못하도록 붙잡는 게 목적이라면 자기 부인의 메시지를 전하는 것은 위험천만한 일이다. 설령 자기 부인이 어려운 일이긴 하지만 생명을 얻는 길이고, 스스로 이룰 수 있는 것보다 훨씬 더 풍성한 삶에 이르는 길이라 하더라도 말이다.

예수님을 좇았던 군중은 그분의 가르침을 듣기 위해서나 그분을 더 깊이 알기 위해서 따랐던 것이 아니다. 그들은 자신이 바라는 것을 얻기 위해 그분을 좇았다. 그분이 바라는 것에는 관심이 없었다. 이 때문에 예수님과 군중은 서로 충돌했다. 군중은 사리사욕을 앞세우는 경향이 있다. 군중은 밀물처럼 밀려들었다가 썰물처럼 빠져나간다. 군중은 변덕스럽고 예측할 수 없다. 오늘 군중을 모은 이유가 내일은 군중을 흩어지게도 한다. 오늘 우리를 사랑하다가도 내일이면 등을 돌린다. 그렇지만 사람들이 원하는 것, 또는 스스로 원한다고 '여기는' 것으로 유인하면 군중을 모으는 일은 어렵지 않다.

인간의 이런 본성에 대해 잘 아셨던 예수님은 자신을 찾아온 여러 사람 가운데 늘 곁에 두고 가르칠 열두 제자를 정성스러운 기도를 통해 일찌감치 선발하셨다. 그분은 그들 인생을 바꿀 삼년 여행을 떠나실 참이었다. 그들은 몸을 가진 하나님을 바라보았다. 오늘 우리 역시 사람들이 예수님께 집중하도록 돕는 사역을 하고 싶지 않은가?

사람들을
끌어모으고 싶은 유혹

이제 군중에 대한 예수님의 평가와 그들을 자주 피하셨던 그분 모습과 기회가 될 때마다 군중을 모으고 영합까지 하는 우리 모습의 차이에 대해 생각해보자. 예수님 주위에는 사역 초기부터 군중이 모여들었고 그분은 곧 그들을 피하시는 듯했다. 그분이 군중을 피하신 것은 군중을 구성하는 개인에게 관심이 없어서가 아니라 하고 싶지 않은 일을 사람들이 요구했기 때문이다. 그들은 그분을 구주, 주님, 하나님이 아니라 식권이나 마법사로 보았다! 그들은 변화가 아니라 이익을 얻으려고 그분을 좇았다. 그들은 내면의 동기보다 외면의 동기가 훨씬 더 강했다. 원하는 것을 얻지 못하면 그들의 열광은 금세 식었다.

예수님은 마음만 먹으면 힘들이지 않고 몇만 명쯤은 너끈히 모으셨을 것이다. 청중을 휘어잡는 데 그만한 강사가 없었다. 그분처럼 기적을 일으키는 사람도 없었다. 하지만 그분은 군중을 모으는 데는 관심이 없으신 듯했다. 오히려 소수의 헌신된 제자를 기르는 데 총력을 기울이셨다.

예수님이 이런 모범을 보이셨는데도 불구하고 나는 사람들이 열광할 만한 일을 하고 싶은 유혹을 계속 느낀다. 그것도 지금 당장! 나는 군중의 변덕을 잘 알면서도 예수님께 충성하는 소수의 제자를 오랜 시간 묵묵히 양육하기가 무척 어렵다.

예측할 수 없고 믿을 수 없는 군중의 성격은 예수님과 군중의 관계를 조사하면 간단하게 알 수 있다. 예를 들면 공생애 초기에 군중은 그분의 영적인 능력과 은혜로운 말씀에 큰 감동을 받았다(눅 4:14-15). 하지만 예수님이 그들의 신념에 이의를 제기하자 군중의 일부는 반발하여 그분을 벼랑에서 밀어버리려고 했다(눅 4:24-30). 놀라운 지혜의 가르침과 치유의 능력에 대한 소식이

퍼지자 군중은 끊임없이 모여들었다(눅 5:15). 그 시기에 예수님은 자주 한적한, 어쩌면 인적이 드문 곳을 찾아 기도하셨다고 누가는 밝힌다(눅 5:16). 한번은 예수님이 꼼짝 못할 정도로 예수님을 가까이에서 보려는 사람들이 운집했다(눅 8:40-42). 하지만 회당장의 딸을 고치러 오신 예수님이 그 아이가 죽은 것이 아니라 자고 있다고 하시자 군중은 그분을 조롱하고 비웃었다(눅 8:53). 환호하는 군중이 차갑게 변하는 것은 순식간이다.

뒤에 예수님은 군중에게 현 세대의 악에 대해 경고하셨다(눅 11:29). 한번은 군중에게 이렇게 말씀하셨다. "무릇 내게 오는 자가 자기 부모와 처자와 형제와 자매와 더욱이 자기 목숨까지 미워하지 아니하면 능히 내 제자가 되지 못하고 누구든지 자기 십자가를 지고 나를 따르지 않는 자도 능히 내 제자가 되지 못하리라"(눅 14:26-27). 예수님은 군중에게 욕심을 버리고 자신을 좇으라고 계속 권하셨다. 예수님이 여행하시는 동안 소경이 예수님께 자비를 베풀어달라고 소리쳤다. 예수님을 뒤쫓던 군중은 소경을 나무랐다. 예수님이라면 그렇게 하지 않으셨을 것이다(눅 18:35-40). 군중은 예수님을 쫓아다녔지만 그분을 '좇지'는 않았다. 그리고 결국 군중은 빌라도를 압박해 예수님의 석방을 막고 십자가형을 요구했다(눅 23:18-24). 하루는 "호산나!"를 부르며 예수님을 칭송했던 군중이 뒤에는 "그를 십자가에 못 박으라!"라고 소리쳤다.

목사든 리더든 영적인 일을 하는 사람이든 당신은 사역의 초점을 사람들을 끌어모으는 데 두는가, 예수님의 제자를 기르는 데 두는가? 자신의 '성공'의 척도를 살펴보면 답을 알 수 있다. 참석 인원 증가, 성공적인 프로그램, 숫자로 쉽게 말할 수 있는 성과 따위로 사역을 논하는가? 또는 예수님께 순종한 사람들, 사람들 마음에 뿌려 그리스도를 본받는 데까지 이를 복음의 씨앗에 관한 이야기를 나누는가?

군중은 또한 바쁘게 일하는 것을 알아준다. 우리는 변화를 바라지만 당장 측정할 수 있는 방식의 변화를 원한다. 프로그램이 성황리에 열리면 '성공'이라고 말하고 그것으로 교회나 사역 부서의 가치를 증명한다. 우리는 성장을 갈구한다. 누군들 성장을 마다하겠는가? 하지만 북미에서 '무슨' 사역이든 판단하고 공인하는 으뜸 기준은 양적 성장이다. 교인 증가, 건물 증축, 헌금 증액, 프로그램 증가…. 우리는 이런 것을 하늘의 축복으로 여긴다. 자랑할 만한 양적인 발전이 없는 사역자는 하나님의 일에 소질이 없는 낙오자로 찍힌다. 예수님의 제자로서 깊이 뿌리를 내릴 만큼 오랫동안 인내하면서 사람들을 돕는 것이 어렵기 때문에 우리는 제자를 기르는 지난한 일 대신 지식만 잔뜩 전달하고 만족할 때가 무척 많다. 그런 '성장'은 수치로 표시하기 쉽고 노력한 결과도 금세 눈에 띈다. 하지만 의로운 것이 무엇인지 안다고 의롭게 되는 것은 아니다. 의로움이란 올바로 사는 것이다. 그것을 배우는 데는 시간이 걸린다.

설교가 훌륭하고 프로그램이 뛰어나면 사람들은 곧 몰려들게 마련이기 때문에 양적 성장을 사역 전략으로 채택하는 경우가 많다. 예수님이 사역하시는 동안 군중이 몰려들었고 그분은 그들을 측은히 여기셨다. 그들은 목자 잃은 양 떼나 다름없던 터라 예수님은 그들을 올바르게 인도하고 싶으셨다. 그렇지만 군중은 그분의 뜻이 아니라 자신의 뜻을 좇아 그분을 찾았다. 그들은 기적을 일으키는 자에게 얻고 싶은 것이 있었다. 하지만 예수님은 자신을 목자로 믿고 제자가 되어 따르는 사람들에게 하나님의 진리와 사랑을 쏟고 싶어 하셨다.

그리스도의 형상이
내게 있는지 돌아보라

예수님의 제자로 성장하는 사람들을 도울 수 있는 영적 리더십이란 무엇일까? 어떻게 행하는 것일까? 그런 운동에 동참하려면 어떻게 해야 할까? 바울 사도는 제자의 재목들에게 "내가 그리스도를 본받는 자가 된 것같이 너희는 나를 본받는 자가 되라"(고전 11:1)라고 말했는데 나는 얼마나 자신 있게 사람들을 향해 나를 본받으라고 말할 수 있을까? 나는 영적 리더십을 허울 좋은 말로 포장하고 있는 것은 아닐까? 나는 내가 말하는 것을 그대로 실천하며 살고 있는가? 문화의 압박을 받아 기형이 되지 않고 하나님과 그분의 우선순위를 좇는 생활을 하기 위해 나는 무엇을 하고 있는가?

리더십의 뜻이 영향력이라면 영적 리더십은 곧 영적 영향력을 뜻한다. 여기서 반드시 생각해야 할 것이 있다. 나는 하나님이 내게 주신 사람들에게 어떤 영향을 주고 있는가? 나는 다른 사람의 생활에 변화를 일으킬 만큼 구별되게 살고 있는가? 영적 리더십,

곧 영직 모범은 자랑스럽게 "나를 보라!"라고 하는 것이 아니다. "나는 그리스도를 바라보는 법을 배우고 있다. 우리 함께 그리스도를 바라보자"라고 하는 것이다. 남들이 본받고 싶을 만큼 뚜렷한 그리스도의 형상이 나에게 있는가? 아울러 다른 사람들에게 나쁜 영향을 끼친 적은 없는가? 영적으로 건강하지 못하거나 산만하거나 제멋대로 행동하는 모습을 보인 적은 없는가?

다른 사람들이 주님의 제자가 되는 데 나를 사용해달라고 주님께 청할 때 내게 가득한 그리스도의 임재를 최고의 자원으로 믿는가? 그렇다면 그분을 따르는 데 얼마나 주의를 기울이고 있는가? 진실하게 살면서 영적 영향력을 주고 있는가? 겉과 속이 일치하는가? 겉과 속이 같지 않다면 진실하지 못한 사람이다. 나는 몸이 튼튼하듯 영혼도 튼튼한 사람이 되고 싶다. 게다가 아무 문제가 없는 사람인 척하는 것보다 솔직하게 고민을 털어놓으면 성도들에게 끼치는 영향력은 더 커진다!

그러면 우리는 제자훈련에 대해 가장 자주 인용하는 본문에서 예수님과 동행하고 동역하는 사람들의 공동체를 이룰 수 있을 만큼 느긋해지는 것에 관해 무엇을 배울 수 있을까?

두 가지 지상 명령

리더십연구소 설립자이자 내 동료인 폴 젠슨(Paul Jensen)은 마태복음 28장의 두 가지 명령에 대한 글을 썼다. 이 본문은 물론 예수님이 제자들에게 "가서 모든 족속으로 제자를 삼는" 임무를 맡기시는 대목이다. 젠슨은 이 명령의 맥락을 놓치지 말라고 강조한다. 지상 명령에 대한 논의는 대개 18절에서 시작하는데, 그는 예수님의 명령을 보는 시야를 16-20절까지 넓히라고 말한다.

열한 제자가 갈릴리에 가서 예수께서 지시하신 산에 이르러 예수를 뵈옵고 경배하나 아직도 의심하는 사람들이 있더라 예수께서 나아와 말씀하여 이르시되 "하늘과 땅의 모든 권세를 내게 주셨으니 그러므로 너희는 가서 모든 민족을 제자로 삼아 아버지와 아들과 성령의 이름으로 세례를 베풀고 내가 너희에게 분부한 모든 것을 가르쳐 지키게 하라 볼지어다 내가 세상 끝 날까지 너희와 항상 함께 있으리라" 하시니라.

예수님이 우리에게 하신 명령을 이렇듯 폭넓은 맥락에서 보면 다음과 같은 '분명한 판단'을 내릴 수 있다고 젠슨은 말한다.

여기에는 내부적 명령과 외부적 명령 두 가지가 있다. 첫째, 예수님은 제자들에게 산에 모이라고 지시하셨다. 제자들은 의심하고 망설이더라도 그분을 만나고 확인하고 예배하고 절대 사랑을 누려야 했다. 둘째, 그분은 제자들이 내부적 명령에 순종하는 것을 보신 후 모든 민족을 제자로 삼으라는 외부적 명령을 내리셨다.[2]

우리는 먼저 예수님이 우리에게 할 일을 맡기시는 산에 올라가 그분을 만나고 겸손하신 왕을 예배하고 있는가? 우리의 의심이나 망설임을 솔직하게 인정하는 자리에서 예수님이 우리와 함께 계신다는 것을 깊이 느끼며 이른바 지상 명령에 순종하고 있는가? 사람들이 예수님을 따르도록 도우려면 우리가 생각하는 최선의 방법이 아니라 그분의 권위 밑에서 그리고 그분 안에서 행동해야 한다는 것을 기억하고 있는가? 나는 과거에 예수님을 깊이 모르는 상태에서 지상 명령을 따르려고 했다. 그분 안에 머물지 않고 바쁘게 일만 했다.

지상 명령에 대해 생각할 때 조급한 마음이 드는 순간은 언제인가? 예수님의 명령에서 "가서"라는 부분이 핵심이라고 여기는 사람이 많다. 하지만 원문은 "너희가 다니면서 모든 민족을 제자로 삼아"라는 뜻에 가깝다. 명령의 핵심은 제자를 기르는 것이다. 즉 예수님을 따를 모든 민족과 더불어 일하라는 초대다. 하지만 무엇을 어떻게 하라는 말인가?

첫째, 성부와 성자와 성령의 이름으로 세례를 주라고 말씀하셨다. 달라스 윌라드의 말마따나 "그들을 삼위일체 하나님의 실재로 친친 두르고 깊이 잠기게" 해야 한다.[3] 나는 신앙생활을 침례교회에서 시작했다. 우리는 새 신자에게 세례보다 침례를 주어야 마땅하다는 토론 따위로 제자훈련을 축소시켰다. 또한 새 신자를 다음 단계로 이끌면서, 제자훈련을 의미는 있지만 버리고 떠날 단일 과정으로 압축시켰다. 만약 조금 더 느긋한 자세로 제자훈련에 임한다면 새 신자가 예수님의 임재를 더 깊이 체험하도록 돕고, 이런 생활 방식을 함께 나누는 것을 으뜸으로 여길 것이다.

둘째, 예수님은 세례에 대해 말씀하신 후 "내가 너희에게 분부한 모든 것을 가르쳐 지키게 하라"라고 당부하셨다. 나는 종종

'어떻게' 순종해야 하는지는 거의 가르치지 않고 '무엇에' 순종해야 하는지만 가르치는 데 열의를 보였던 것 같다. 나부터가 예수님께 순종하는 법을 잘 몰랐다. '이론'은 금세 가르칠 수 있다. 그러나 '실천'은 더 느긋하게 개인 형편에 맞춰서 가르쳐야 하기 때문에 훨씬 더 어렵다. 일대일과 소그룹은 제자가 훈련을 제대로 받을 수 있는 방법이다. 또한 결실이 더 많다. 나는 그리스도의 제자로 자부하는 사람들에게 순종의 유익, 곧 생명과 결실에 대해 가르친다. 그리고 하나님이 주신 새로운 마음으로 기꺼이 순종하도록 돕는다.

셋째, 예수님은 마지막으로 이렇게 말씀하신다. "내가 세상 끝 날까지 너희와 항상 함께 있으리라." 이 사실을 똑똑히 기억하고 있는가? 예수님이 맡기신 일을 어서 빨리 하고 싶은 마음은 굴뚝같지만 우리가 일할 때 예수님이 우리와 함께 계신다는 것을 기억할 만큼 느긋한가? 하나님 나라를 위해 일하는 우리는 결코 혼자가 아니다. 우리는 결코 버림받지 않는다. 하나님은 우리를 결코 혼자 일하게 두시지 않는다.

지상 명령은 예수님이 지상에서 하신 사역과 '제자를 기르라'는 초대의 대미를 장식한다. 그런데 그분은 사역을 어떻게 시작하셨을까?

이사야 61장, 의로운 참나무

사역 초기에 예수님은 고향 나사렛에 있는 회당을 방문하셨다.

그곳에서 그분은 일어나 이사야를 낭독하셨다.

주의 성령이 내게 임하셨으니 이는 가난한 자에게 복음을 전하게 하시려고 내게 기름을 부으시고 나를 보내사 포로 된 자에게 자유를, 눈먼 자에게 다시 보게 함을 전파하며 눌린 자를 자유롭게 하고 주의 은혜의 해를 전파하게 하려 하심이라(눅 4:18-19).

그러고는 "이 글이 오늘 너희 귀에 응하였느니라"라고 하셨다(눅 4:21). 즉 "내가 이 일을 하려고 왔다. 이것은 나에 관한 글이다"라는 뜻이다. 예수님은 그 뒤에 이어진 "우리 하나님의 보복의 날을 선포하여"라는 구절은 읽지 않으셨다(사 61:2). 회당에 모인 사람들이 잘 아는 본문인데 예수님이 계속 읽으셨다면 아래 구절까지 읽으셨을 것이다.

그들이 의의 나무 곧 여호와께서 심으신 그 영광을 나타낼 자라 일컬음을 받게 하려 하심이라(사 61:3).

이를 도제 교육의 은유라고 생각한다. 이사야는 사람들이 필요한 것을 메시아에게 얻는 모습을 묘사하는 게 아니다. 예언자는 가난하고 장애가 있고 억눌리고 절망에 빠진 사람들이 의로운 참나무가 되는 것을 묘사했다.

이사야는 은혜가 필요한 사람들이 하나님의 은혜에 서서히 뿌리를 내리고 그분의 은혜를 다른 사람에게도 전하는 나라를 보았다. 그는 우리가 은총, 위로, 축복, 명예, 새로운 관점, 튼튼한 뿌리를 얻은 후, 오래전에 폐허가 된 장소, 체계, 사람들을 재건하고 회복하고 쇄신하는 나라를 보았다(사 61:4). 의로운 참나무에서 보이는 이런 특징은 도제 교육의 열매다. 더욱이 주님이 심으신 의로운 참나무로서 우리에게 그분의 영광이 나타난다. 인간의 열광, 열정, 감동과는 사뭇 다른 것이다. '영광'은 조용하고 강하며 느긋하고 뿌리가 깊다.

참나무가 자라는 데는 시간이 걸린다. 넓은 그늘을 드리우기까지는 이삼십 년이 걸린다. 이렇게 천천히 자라는 참나무는 이백 년도 넘게 살 수 있다. 수령이 긴 이유는 원뿌리를 땅속 깊이 내려 가뭄이 들어도 끄떡없기 때문이다. 참나무는 과연 단단하고 견고하고 의지할 수 있고 당당한 나무다. 하지만 그런 나무가 되는 데는 시간이 걸린다. 우리는 장기적인 안목을 가지고 그리스도 안에서 자라고 있는가? 또 다른 사람들이 그리스도 안에서 자라도록 돕고 있는가? 그렇다면 훗날 사람들이 그분의 영광으로 빛나고 성령의 열매를 풍성하게 맺도록, 귀담아듣고 배우는 그리스도의 제자가 되도록 도우려면 무엇을 해야 하는가? 무엇을 하든지 우리에게는 쉽게 가질 수 있는 단기적인 안목보다 더 느긋하고 장기적인 안목이 필요하다.

처음 예수님을 따를 때 우리는 아직 의로운 참나무가 아니다. 오히려 이사야가 언급한 가난하고 절망하고 억눌린 사람에 가깝다. 하지만 예수님은 우리를 극적으로 바꾸어놓을 뜻을 가지고 계신다. 그분은 우리가 아름답고 선하고 뿌리 깊은 참나무를 생각하길 바라신다. 그분은 우리를 심으셨다. 우리를 가꾸실 것이다. 우리가 그분 안에 튼튼한 뿌리를 깊게 내리도록 만전을 기하실 것이다. 대단히 극적인 변화이다. 이런 변화에는 시간과 노력이 얼마나 필요하겠는가? 단언컨대, 변화는 서서히 일어난다.

제자가 되는 길은
일생의 여행

인생의 여행을 마치는 자리에서 우리는 무슨 생각을 하며 기쁨과 감사를 느낄까? 슬퍼하고 후회할 일은 무엇일까? 내 말이나 행동을 좋아했던 사람의 수를 헤아리면서 즐거워하지는 않을 것 같다. 하나님이 허락하신 가족, 이웃, 일터, 학교, 교회 공동체에서 그분을 본받아 살면서 내가 예수님과 함께했던 여행을 나누는 공동체의 일원이었다는 사실이 가장 기쁠 것 같다. 그들이 뿌리를 내리고 결실을 맺고 그리스도를 깊이 본받아 다른 사람들에게 영향을 끼친 것을 진심으로 기뻐할 것이다.

예수님의 제자가 되는 것은 일생의 여행이다. 그분은 생명을 주는 일이라면 모든 방법을 동원하고 내 인생의 하루하루를 빠짐없이 사용해 나를 완전히 변화시키실 것이다. 다른 사람이 예수님의 제자로 살도록 돕는 일도 시간이 걸린다. 예수님에 관한 것을 믿는 데 그치지 않고 그분과 동행하는 법을 배우도록 다른 사람을 돕는 일에는 의지와 노력이 필요하다. 끈기 있게 이런 일을 할 시간은 결코 저절로 '나지' 않는다. 우리는 시간을 '내야' 한다. 느긋한 시간을 마련해야 한다.

1 당신이 인도하거나 참여하는 사역에서 그저 사람들을 불러 모아 현상을 유지
하는 일에 애쓰고 있지 않은가? 사람들로 하여금 그리스도께 충성하여 성품과 생
활에 변화를 경험하도록 돕기 위해 얼마나 노력하는가? 영원한 결실을 위해 당신
은 무슨 일을 하는가?

2 신앙생활과 사역에서 서두르는 것이 예수님을 따르는 데 도움보다는 방해가
된다고 보는가?

3 예수님과 친밀하게 동행하고, 같은 마음으로 그리스도를 따르는 다른 사람들
과 동행의 즐거움을 나누는 소박한 삶을 위해 당신이 버려야 할 것은 무엇인가?

3장　느긋한 사람은 게으르지 않다

　어린아이가 뜨거운 난로에 손을 대려고 하는데 느긋하게 다가가서 무슨 일이 생길지 쳐다보는 사람은 없다. 우리는 부리나케 뛰어가서 아이가 화상을 입지 않게 막는다. 이 경우 서두르는 것은 거룩한 행동이다.

　긴급한 일은 빠르게 대처해야 한다. 성경에서도 그런 예를 찾을 수 있다. 하나님이 소돔과 고모라를 심판하시기 직전에 롯은 사위들에게 "너희는 일어나 이곳에서 떠나라"라고 재촉한다(창 19:14). 요셉은 기근이 심해지자 형들에게 빨리 집으로 돌아가 아버지를 모시고 식량이 넉넉한 이집트로 다시 오라고 재촉한다(창 45:9). 파라오의 관리 몇몇은 하나님을 대변하는 모세의 말을 믿고 우박이 내리기 전에 황급히 종들과 가축을 집 안으로 들여놓는다(출 9:20). 뒤에 이집트인들은 재앙으로 나라가 망할 형편에 놓이자 이스라엘 백성에게 당장 이집트를 떠나라고 재촉한다(출

12:33). 모세는 자신의 리더십에 의문을 품은 고라의 반역으로 생긴 염병을 막기 위해 아론에게 서둘러 하나님께 속죄하라고 재촉한다(민 16:46).

긴급한 일은 생기게 마련이고 그런 일이 생기면 서둘러 대처해야 마땅하다. 사람이 다치거나 병들면 일분일초를 다투어 병원으로 가야 한다. 긴급한 문제가 생기면 만사를 제쳐놓고 해결해야 한다. 다만 우리가 '끊임없이' 그런 기분을 느끼며 산다는 게 문제다. 보통 그런 느낌을 떨쳐내지 못한다. 사실이든 아니든 '모든' 일이 다급한 문제인 것 같다. 그러나 우리는 끊임없이 신경을 곤두세우고는 살 수 없는 존재고 그런 상태가 지속되면 영혼이 고장을 일으킨다. 그렇다고 하루를 허투루 보낼 수도 없다.

여유는 게으름이 아니다

물론 경건하지 못한 여유도 있다. 기다림에는 하나님이 우리를 단련하시는 기다림이 있고 우리가 하나님을 기다리게 하는 불순종도 있다. 하나님의 분명한 가르침에 따르지 않고 꾸물거리는 것은 내가 권하는 여유가 아니다. 그런 여유는 바로 '오늘'이 구원의 날임을 모르는 처사다. 느긋하다는 것은 하나님의 인도에 순종하지 않는다는 뜻이 전혀 아니다. 오히려 느긋해야 하나님의 인도를 느끼고 순종할 수 있다.

내가 말하는 느긋한 생활은 '게으른' 생활이 아니다. 잠언에는 게으른 자에 대한 경고가 많다. 한 가지 예를 들면 다음과 같다.

게으른 자여 개미에게 가서 그가 하는 것을 보고 지혜를 얻으라 개미는 두령도 없고 감독자도 없고 통치자도 없으되 먹을 것을 여름 동안에 예비하며 추수 때에 양식을 모으느니라 게으른 자여 네가 어느 때까지 누워있겠느냐 네가 어느 때에 잠이 깨어 일어나겠느냐 좀 더 자자, 좀 더 졸자, 손을 모으고 좀 더 누워있자 하면 네 빈궁이 강도같이 오며 네 곤핍이 군사같이 이르리라(잠 6:6-11).

게으름뱅이는 일을 지나치게 하지 않아서 잘못이고 일 중독자는 일을 지나치게 많이 해서 잘못이다. 나태와 과로를 양 축으로 삼는 스펙트럼에서 우리는 과연 어느 지점에 있는가? 솔로몬은 우리에게 가장 약한 이웃인 개미를 보며 풍족한 노동의 교훈을 배우라고 권한다. 개미는 가르치는 이도 없는데 식량이 넉넉할 때 식량을 저장해서 훗날 식량이 부족할 때를 대비한다. 개미는 지금 할 수 있는 일을 내일로, 또는 한 시간 후나 오후 늦게로 미루지 않는다. 다만 지금 현재 할 수 있는 일을 느긋하게 해치울 뿐이다.

경건한 느긋함과 불경건한 게으름은 서로 전혀 다르다. 게으름은 생기를 주지 않는다. 선하지 않다. 하나님의 방법이 아니다.

뜀박질을 멈추고, 고속 차선에서 비켜나 하나님의 임재 안에 오랫동안 머물면서 쉬며, 그분의 속도에 맞춰 그분과 동행할 것을 권한다. 이는 게으름을 피우는 게 아니다. 예수님은 아버지와 머물기 위해 탈진하기 전에 일을 멈추는 법을 아셨다. 앞서 예수님을 한 단어로 묘사했던 것을 기억하는가? '느긋하다.' 느긋함은 졸음을 느끼는 기분이 아니다. 느긋해도 집중할 수 있다. 출발선에서 대기하는 달리기 주자는 준비가 끝난 동시에 느긋하다. 예수님은 우리에게 하나님 앞으로 물러나 머무르는 법뿐 아니라 거기에서 느긋해지는 법도 몸소 보여주셨다.

그분은 앞서 이 같은 모범을 보이셨는데도 우리는 여유를 부리면 게으름을 피우는 것으로 여긴다. 이를테면 제랄드 메이 (Gerald May)는 우리가 효율을 따지는 성향 탓에 여유롭게 휴식하는 동안 자신을 이기적이고 무책임하고 게으른 사람처럼 느낀다고 말한다. "우리는 휴식이 필요하다는 것을 알지만 더 이상 휴식 자체를 목적으로 여기지 않는다. 방전된 우리가 충전될 때만 휴식은 가치를 얻는다."[1] 여유와 게으름은 같은 것이 아니다. 예수님은 여유가 있었지만 게으르지 않으셨다. 그분은 부지런히 바쁘게 일하셨으며 단호하고 성실하셨다.

브렌다 율랜드(Brenda Ueland)는 건전한 여유와 공허한 게으름의 차이를 다음과 같이 명확하게 구분했다.

당신이 완전히 부진해서 게으른 것이라면, 다시 말해 우유부단이나 안달복달, 불안 또는 과식과 체중 때문에 게으른 것이라면 그런 게으름은 불량하고 끔찍하며 빈곤하기 짝이 없다. 또는 창의적 게으름을 대신한 수많은 사람들의 게으름, 즉 탐정 소설과 신문처럼 온갖 실없는 이야기를 편안하게 읽는 것 같은 게으름 역시 불량하고 전혀 창의적이지 못한

게으름이다.[2]

불경건한 여유는 풍요롭지도 의미가 있지도 활력을 주지도 않는다. 그런 여유는 빈곤하고 공허하며 생명력이 없다.

해태,
불경건한 여유

해태(懈怠, acedia)란 불경건한 여유의 일종이다. 헬라어의 부정접두사 'a'와 '관심을 갖다'라는 뜻의 'keedos'에서 파생한 단어인 '아케디아'(acedia)는 결국 사랑하지 않는다는 뜻이다. 이것은 출발선에서 느끼는 열정과 결승선에서 받는 칭찬 사이의 한 지점에서 수없이 밀려드는 생명에 대한 무관심, 영적 권태다. 한낮, 중년, 하프타임, 큰일을 하는 중간에 우리는 굴복하고 포기하고 딴마음을 품고 싶은 유혹을 받는다.

해태에 빠진 사람은 어딘가에 있을 더 나은 인생을 상상하면서('여기만 아니면 어디든 좋다!') 자신의 인생을 버리고 싶은 충동을 느낀다. 또한 선물 같은 '현재'에서 살기보다 '만일'이라는 환상에서 살고 싶어 한다. 겉으로는 느긋하게 사는 것 같지만 사실은 불안하고 산만하다. 물론 조급한 마음에는 해태가 이미 뿌리내렸다.

캐슬린 노리스(Kathleen Norris)는 《해태와 나》(Acedia and Me)에서 "오늘 우리에게 널리 퍼진 불안한 권태, 광적인 현실 도피, 헌신 공포증, 무기력한 절망감은 현대적인 옷을 입은 고대의 귀신, 해태"라고 말한다.[3] 많이 들어본 말이 아닌가?

해태에 대한 중요한 통찰을 보여준 4세기 수도사 에바그리우스 폰티쿠스(Evagrius Ponticus)는 그런 고통의 느낌을 다음과 같이 설명했다. "태양이 꼼짝도 하지 않으니 하루가 오십 시간 같다. 수도사는 끊임없이 창밖을 내다보고 바깥을 돌아다니고 태양을 슬금슬금 쳐다보면서 저녁 시간을 기다린다. 수도원, 수도 생활, 노동이 지긋지긋하게 느껴진다. 수도사는 형제들의 사랑이 식어서 아무도 자신을 격려해주지 않는다고 여긴다."[4]

해태에 빠지면 무기력한 공상에 사로잡히거나 상상 속에서 더 크게 보이기 마련인 남의 떡에 군침을 흘린다. 지금 여기만 아니면 무엇이든 좋다. 계속되는 여행으로 영혼은 고단하고, 하나님의 임재를 느끼기 위해 열린 공간에서 느긋한 시간을 보내고 싶은 경건한 열망조차 잃어버린다. 그분은 언제나 우리와 함께 계시는데도 우리는 이 같은 기본적인 영적 사실을 놓칠 때가 있다. 우리는 하나님이 계시지 않는 듯, 또는 아주 멀리 계신 듯 굴 때가 너무 많다.

영적 권태의 하나인 해태에 빠지면 영적인 훈련을 지루하게 여기며 시간 낭비라고 느낀다. 영적 안목을 잃어버린 탓이다. 우리는 지금 이 순간 영생을 살고 있다는 것을 잊는다. 매 순간 영원의 빛 속에서 살아가면 하나님이 현재 우리에게 맡기신 일을 느긋한 자세로 해낼 수 있다. 인간은 책임을 쉽게 저버리고 싶어 하기 때문에 하나님께 순종하기를 꺼린다. '하고 싶지 않아'라는 말은 불경건한 무관심의 표현이다.

해태란 현재나 현세라는 선물을 고마워하지 않는 것이므로 예로부터 해태에 대한 처방은 늘 좋은 사람을 만나고 좋은 일을 하는 것이었다. 어딘가에 있을 더 나은 무언가를 추구하고 싶은 해태의 유혹을 물리치는 길은 긍정적인 의지로 현재에 집중하는 것이다. 베네딕트회 수도사 콜룸바 스튜어트(Columba Stewart) 교수에 따르면 "베네딕트(Benedict)는 수도사들이 매 순간 새로운 마음으로 수도원 생활에 임하도록 서로 봉사하고 순종하고 노동하고 영적으로 지도하고 해마다 사순절에 자신을 쇄신하라고 지시했다".[5] 이는 우리가 상상하는 더 나은 인생을 찾지 않고 우리가 받은 인생을 음미하면서 사는 방법이다.

따라서 간단히 말하자면 해태의 반대는 사랑, 곧 다른 사람들에게 적극적이고 진실한 관심을 가지게 하시는 그리스도께 헌신하는 것이다. 우리가 생각을 집중하지 않으면 경건한 관심사는 정욕, 질투, 탐욕, 또는 불경건하고 게으른 내면의 충동에 의해 예리함을 잃고 둔감해질 것이다.

요사이 해태는 주로 한낮에 내 등 뒤에 나타나 '발표나 수련회 준비는 충분히 하지 않았어? 내일은 기분이 좋아질 거야. 네가 좋아하는 웹사이트에 들어가 보는 건 어때? 페이스북과 트위터도 확인해봐. 누가 블로그에 방문했는지 확인해봐. 네가 좋아하는 비디오게임을 하면서 머리를 식히는 게 어때'라고 속삭인다. 불경건한 해태의 영적 충고를 따르는 날에는 메마르고 불쾌한 불모지로 떨어진다. 오늘 하루 하나님이 미리 준비하신, 어렵지만 아름다운 일에서 손을 떼는 셈이다.

해태의 충고는 나를 황폐하게 만드는데 반해 풍성하신 하나님의 영은 내게 생기를 주는 해독제다. 바울은 갈라디아서 5장에서 성령을 떠난 육체, 곧 성령을 반역하고 등짐으로 생기는 결과에 대해 말한 후 성령의 열매를 소개한다.

사랑. 성령을 떠나면 한가하게 욕심을 채우고 남을 미워하고, 또 미움을 받으며 냉담하고 경솔해진다. 내가 정말로 관심을 갖는 것은 무엇인가? 나에게 중요한 사람은 과연 누구인가? 사랑은 서두르지 않는다.

희락. 성령을 떠나면 낙심하기 쉽고 거룩한 기쁨 대신 짜릿한 전율을 찾는다. 탈진할 때까지 빈둥거린다. 시야가 좁아지고 냉소적으로 변한다. 오락을 즐기느라 바쁜 통에 기쁨이 사라진다. 나에게 활력과 거룩한 기쁨을 주는 것은 무엇인가?

화평. 성령을 떠나면 걱정하고 안달복달하며 서두르고 압박을 느끼고 기진하고 탈진한다. 나는 언제 어디서 깊은 안정과 휴식을 찾는가? 화평은 느긋한 태도에서 싹튼다.

오래 참음. 성령을 떠나면 화를 참지 못한다. 어느새 나는 완고하고 짜증을 부린다. 사소한 일에 발끈한다. 인내는 서두르지 않는다.

자비. 성령을 떠나면 간단한 예절도 지키지 않는다. 인색하고 가혹하고 냉정하다. 진짜 자비는 느긋하게 기다린다.

양선. 성령을 떠나면 양선이 독선으로 변한다. 비웃으면서 통쾌해하고 딴마음을 품고 건전하지 못하고 삐뚤어진 선택을 내린다. 양선의 열매는 홀로 선하신 하나님과 느긋하게 교제하는 데서 열린다.

충성. 성령을 떠나면 해괴한 짓을 하고, 탈진하고, 믿을 수 없는 사람으로 변한다. 한 가지 방향으로 한결같이 순종하는 충성은 느긋한 헌신 속에서 뚜렷하게 나타난다.

온유. 성령을 떠나면 다른 사람들을 날카롭고 가혹하게 대하며 인간미를 잃고 요구만 한다. 온유는 가혹하게 서두르지 않는다.

절제. 성령을 떠나면 절제하지 못한다. 욕망, 권력, 헛된 오락의 포로가 된다. 나는 내가 원하는 것을 빨리 얻고자 하는 마음을 절제로 이긴다.

성령의 풍성한 열매는 하나님과 사람을 느긋하게 대하는 태도에서 맺는다. 하나님께 뿌리를 내리고 열매를 맺으려면 그분과 더불어 느긋한 시간을 보내야 하고 사람들과도 느긋하게 지내야 한다. 이 같은 사실은 니고데모가 예수님에 대해 했던 말에서 찾을 수 있다. "하나님이 함께하시지 아니하시면 당신이 행하시는 이 [기적적인] 표적을 아무도 할 수 없음이니이다"(요 3:2). 니고데모는 예수님이 하신 일에서 그분이 하나님의 은총을 받고 있음을 알았다. 사실 니고데모는 예수님을 통해 성부의 역사와 성령의 열매를 보았다.

해태의 불경건한 여유의 진창에 빠져있는가? 확신이 없다면 하던 일을 멈추라. 귀를 기울이라. 자신에게 '바로 지금 내가 알아보고 인식하고 누리고 믿음직한 친구에게 말할 수 있는 아름다움은 무엇인가? 처음에는 지루한 일처럼 보이지만 어떤 좋은 일이 내 앞에 있는가?'라고 물어보라. 귀를 기울이라. 그리고 그 일을 하라. 그 안에서 하나님과 동행하라.

과로는 게으름의
다른 이름

칼 오너리(Carl Honore)는 《느린 것이 아름답다》(*In Praise of Slowness*, 대산출판사)에서 직장 생활에 대해 이런 말을 했다.

> 일터에서는 물론 일을 빨리 처리해야 한다. 마감이 임박하면 집중력이 높아지고 놀라운 성과를 내기 위해 박차를 가한다. 문제는 휴식과 재충전의 여유가 부족하고 늘 마감에 쫓기듯 사는 사람이 많다는 것이다. 우리는 미친 듯이 바쁘게 일하거나 바쁜 척하는 통에 정작 천천히 해야 할 일들, 가령 전략 기획, 창의적 사고, 관계 형성 등을 하지 못한다.[6]

느긋하게 살더라도 일을 제대로 빨리 해야 할 때가 있다. 하나님이 우리에게 맡겨주신 선한 일을 하지 않고 가만히 있는 것은 잘못이다. 우리도 안다. 전력을 다해 하는 일이 순조롭게 진행되면 만족감을 느낀다. 하나님의 부름을 발견하고 그 일에 전심전력을 다할 때 다른 데서 느낄 수 없는 뿌듯함과 기쁨을 느낀다. 그런데 액셀에서 발을 떼지 못하는 바람에, 속도를 늦춰야 제대로 할 수 있는 일을 더 이상 할 수 없게 된다.

좀처럼 느긋하게 행동하지 못하도록 하는 주원인은 '성과를 내지 못할 거야' 또는 '하나님이 주신 기회가 무산될 거야'라는 확신이다. 하지만 성과에 집착하면 역설적으로 제대로 된 결실을 거두지 못한다. "모자랄수록 넉넉하다"(less is more)라는 말이 있다. 하지만 넉넉할수록 부족할 때도 있다.

과로에 내해 이야기할 때면 예수님이 자신의 일에 대해 하셨던 말씀을 떠올린다. 예수님이 안식일에 병자를 고치시는 것에 대해 유대인 리더들이 불만을 터뜨리자 예수님은 이렇게 말씀하신다. "내 아버지께서 이제까지 일하시니 나도 일한다… 내가 진실로 진실로 너희에게 이르노니 아들이 아버지께서 하시는 일을 보지 않고는 아무것도 스스로 할 수 없나니 아버지께서 행하시는 그것을 아들도 그와 같이 행하느니라"(요 5:17, 19).

예수님은 아버지의 일을 배우는 도제였다. 그분은 독자적으로 일하지 않으셨다. 그분이 하시는 모든 일은 아버지가 하시는 것을 보고 배운 것이었다. 따라서 내가 과로하는 것은 분별력이 없기 때문이다. 예수님을 따른답시고 내 마음대로 일하는 건 아닐까? 아버지가 하시는 일을, 아버지가 하시는 방법으로 하고 있는 걸까? 내가 영향을 끼치는 주변 사람들을 위해 아버지가 무슨 일을 하시는지 알고는 있는가? 아버지가 하시는 일을 따라서 하고 있는 게 맞나? 나도 모르게 엉뚱한 일을 하는 것은 아닐까? 내가 일을 지나치게 많이 하는 바람에 하나님이 처음부터 다시 하셔야 할 일이 생기지는 않을까?

스스로 할 수 있는 일은 아무것도 없고 오직 아버지께 배운 일만 할 수 있다는 예수님의 말씀을 들으면 예수님이 내게 하신 말씀이 떠오른다. "나를 떠나서는 너희가 아무것도 할 수 없음이라"(요 15:5). 하나님이 내 안에서, 나를 통해 내 주변에서 일하시는 것처럼 나도 하나님이 맡기신 모든 선한 일을 빠짐없이 하고 싶다. 하지만 나는 그 일을 분별할 힘이 있는가? 그분을 떠나면 바쁘게 일하더라도 별 소득이 없다. 길을 잃었는데도 액셀을 힘껏 밟는 것이 곧 과로다.

예수님이 사람들에게 직접적인 영향을 주셨다는 것은 매우 분명한 사실이라서 따로 설명할 필요가 없다. 그분은 가르치고 치유하고 사로잡힌 사람들을 풀어주셨다. 좋은 일은 다른 사람들을 이롭게 한다. 내가 하는 과로는 대개 사람들을 이롭게 하지 않는다. 바쁘기만 하고 실속은 없다. 그렇게 일하면 생산성도 떨어진다. 과로하는 내 모습을 보면 마치 작은 금가루를 모으려고 광맥을 들쑤시는 것 같다.

기술에 힘입어 가속화된 현대의 노동 방식은 생산성을 얼마나 높였을까? 웬디 와서스타인(Wendy Wasserstein)은 《게으름》(Sloth, 민음in)에서 이런 물음을 던진다. "지나치게 빡빡한 일과 속에서 지나치게 활동하는 사람들이 과연 새로운 것을 하나라도 생산하고 있을까? 열정이 지나친 것도 어쩌면 죄가 아닐까? 그들에게는 정부, 사회, 또는 자신에 대한 새로운 미래상이 있을까?" 마치 "그들은 영혼을 영원한 혼수상태에 빠뜨리기 위해 끊임없이 바쁘게 활동하는 것이 목적"인 듯하다.[7] 과로는 러닝머신을 달리는 것처럼 힘은 들어도 진전이 없다. 더욱이 과로는 역설적으로 게으름이 될 수 있다. 일의 양은 매우 많지만 창의력과 활력, 기쁨을 주는 일을 할 때와는 달리 일의 질은 형편없이 낮다. 그 점에서 과로는 게으름을 피우는 것이나 다름없다.

도미니카 공화국의 서부에 있는 작은 산골 마을을 한 친구와 방문했을 때가 떠오른다. 우리는 그곳에 인접한 마나바오에서 소박하게 사는 젊은 부부에게 후한 대접을 받았다. 시멘트 바닥이었지만 짙은 녹색으로 단장한 집은 무척 청결했다. 산에서 베어낸 거친 나무로 벽을 세우고 지붕은 주름진 철판 한 장이 전부였다. 가구는 꼭 필요한 것만 단출하게 갖추었다. 적어도 일곱 명은 되어 보이는 대식구가 사는 집인데도 북미의 여느 안방보다 작았다. 안주인 엘리(Ellie)는 야외에서 불을 피우고 자욱한 연기와 싸우면서 쌀과 콩, 그날 아침에 잡은 닭으로 맛있는 점심을 지어 우리를 대접했다.

통역을 맡은 내 친구 사무엘(Samuel)은 엘리의 남편 홀리오(Julio)에게 생활이 편리한 도시로 이사 갈 생각은 없느냐고 물었다. 홀리오가 대답했다. "여기가 평화롭고 조용해서 좋습니다. 가족에게 필요한 것은 모두 여기서 구할 수 있어요. 이곳에서 아이들을 키우고 같이 지내는 게 좋습니다. 부자들은 주말을 보내기 위해 이곳에 땅을 사서 대저택을 짓죠. 나는 날마다 여기서 삽니다. 그들과 사는 곳을 바꾸지 않을 겁니다."

무척 힘들지도 모를 생활환경을 미화하거나 이상화할 뜻은 없다. 가난한 사람은 도움을 받아야 생존할 수 있는 경우가 많다. 가까운 곳에 병원이 없는 경우도 많다. 아르헨티나 부에노스아이레스의 도시 빈민과 함께 살면서 사역하는 내 친구는, 가난한 사람에게는 긴급하게 해결해야 할 생존의 문제가 있다고 말한다. 물론 간단한 이야기 하나로 가난한 사람들을 모두 설명할 수 없다. 소박하고 대단치 않게 보이기도 하겠지만 홀리오와 엘리는 풍요로운 일을 하면서 풍성하게 살고 있었다. 그들은 평화와 기쁨을 누렸다. 어깨동무를 하고 대화를 즐기던 그들에게서 나는 북미인들에게는 찾아볼 수 없는 윤택함, 곧 인생, 사람, 심지어 하나님을 향유하는 윤택함을 느꼈다.

오히려 인류의 대다수에 비해 부유한데도 조급하게 사는 나자신에게 결핍이 있음을 깨달았다. 군중 속에 있던 부자에게 하신 예수님의 말씀에서도 똑같은 통찰을 발견한다. "삼가 모든 탐심을 물리치라 사람의 생명이 그 소유의 넉넉한 데 있지 아니하니라"(눅 12:15). 물질을 많이 가진다고 해서 훌륭한 삶, 풍성한 삶, 넉넉한 삶을 사는 건 아니다. 하지만 내가 사는 문화에서는 '정확히' 그렇게 해야 더 나은 인생을 살 수 있다고 전제한다. 그런 전제는 뿌리가 깊은 탓에 우리는 의심 없이 받아들인다. 그리고 더 나을 것 같은 인생을 살기 위해 더 열심히 일해서 돈을 더 많이 벌어 물건을 더 많이 산다. 재산을 모으겠다는 충동은 우리를 서두르게 만드는 동력이다.

여러 북미인과 마찬가지로 나는 상대적으로 부유할지는 모르지만 한편으로 매우 가난하다. 로버트 뱅크스(Robert Banks)의 말마따나 "미국 사회는 물질적으로 풍족한 반면 시간은 극도로 궁핍하다. 반면에 세계의 삼분의 이에 해당하는 여러 사회는 우리 기준에서 물질적으로 가난하지만 시간은 풍족하다. 그들은 충동에 사로잡히지도 않고 서두르지도 않는다. 그들은 하루하루 필요한 일을 하는 데 충분한 시간이 있다는 것을 인식하면서 산다".[8] 가난한 사람에게는 내가 손쉽게 얻을 수 있는 편의와 자원이 부족한 반면 느긋한 시간은 풍족하다. 선진국 사람들은 서두르는 것의 진짜 비용을 잘 모르는 것 같다.

주님께 순종할 틈이 없는
교회 생활

때로는 사역의 목표조차도 사람들에게 쉴 틈을 주지 않고 일을 시키는 것처럼 보인다. 헨리 나우웬(Henri Nouwen)은 《마음의 길》(The Way of the Heart, 분도출판사)에서 다른 목표를 제시한다. "하나님의 임재는 사람들 속에서 활발하지만 보이지 않을 때가 많다. 우리가 할 일은 사람들이 그분의 임재에 집중하도록 돕는 것이다. 따라서 교구의 모든 활동에서 반드시 물어야 할 질문은 어떻게 하면 사람들을 바쁘게 만들 것인가가 아니라, 어떻게 하면 침묵으로 말씀하시는 하나님의 음성을 듣지 못하게 하는, 지나치게 바쁜 생활에서 그들을 물러나게 만들 것인가이다."[9] 조용히 하나님의 음성을 들어야 생활도 일도 제대로 할 수 있다. 과로는 풍성한 결과를 보장하는 것이 아니라 그 반대를 보장하는 것인지도 모른다.

하지만 나우웬의 말은 우리가 교회와 사역에서 경험하는 것과 상반된 것처럼 들린다. 우리는 할 수 있을 때마다 하나님의 음성을 느긋하게 경청할 시간을 넉넉히 마련하는 기독교 문화를 만들어야 한다. 서두르지 않아야 우리 주변에서, 우리 사이에서, 우리 안에서 활발하게 일하지만 잘 보이지 않으시는 하나님을 발견할 수 있다. 나는 하나님 앞에서 오랫동안 홀로 조용히 머무르는 시간을 보내고 나면 다시 현실에 집중할 수 있다. 내가 할 일,

이메일, 청구서, 행사를 비롯해 내 일정을 채우는 것들이 내 '진짜' 인생이라는 생각이 머리에서 떠나지 않는다. 하지만 내 진짜 인생은 바로 예수님이다. 그리고 예수님 안에 있는 진짜 인생은 영원하고 넉넉하다. 응축과 압축으로 빼곡하지 않다. 진짜 인생은 거대하고 느긋하다. 서두르는 것은 내 세계를 옥죄고 편협하고 협소하게 만든다. 서두르는 통에 시야가 좁아지면 가장 중요한 것을 놓치고 만다.

이 글을 쓰면서 바쁘게 보낸 세월을 후회하는 사람들을 떠올린다. 영적으로 성장하고 인품이 성숙해질 거라는 말을 듣고 성실하게 일했지만 바쁘게 일하기만 했을 뿐 그리스도 안에 뿌리를 내리고 성장하지 못했다. 그런 불만족은 그들의 노력 속에 영적 생명이 부족했다는 증거다. 어느 목사는 이렇게 말했다.

"예수님을 만나려고 사람들이 몰려오는 것을 보면 크게 기뻤다. … 하지만 바쁘게 일하면 내가 성공한 목사가 되는 것일까? 그럴지도 모르지만 아닐지도 모른다. 이는 내게 문제가 있다는 것을 말해준다."[10]

때로 과로의 근본 문제는 무언가를 '하고' 있어야만 마음이 놓이는 사람이 많다는 사실이다. 하지만 '활동'과 '결실'이 반드시 같다는 법은 없다. 제랄드 메이는 이렇게 말했다.

오늘날 효율의 [심한] 강박 때문에 [현관에 가만히 앉아있는] 시간을 생산적이지 못하고 무책임하며 게으르고 심지어 이기적이라고 느끼는 사람이 많다. 휴식이 필요하다는 것을 알지만 더 이상 휴식 자체를 목적으로 여기시 않는다. 그다음 생산 단계에서 효율을 더 높일 수 있도록 방전된 우리가 충전될 때만 휴식은 가치를 얻는다.[11]

흔히 우리는 해야 할 일을 완수했을 때만 자신의 가치를 인정한다. 그래서 휴식이라는 선물을 상품처럼 획득하기 위해 노력한다.

뒤에 7장에서 말하겠지만 선행이 자라는 최적의 토양은 충분한 휴식이다. 이는 당연한 귀결이다. 경험한 바에 따르면, 과로를 해도 일의 질은 공허하고 뿌리가 없다. 일을 많이 한다는 생각이 들지만 정작 의미 있는 여행은 하지 못하고 같은 자리에서 맴돌기만 한다.

지난 세기 트라피스트회의 선각자 토머스 머튼(Thomas Merton)은 노동과 관련해 중요한 제언을 남겼다.

우리가 하나님의 일에 모든 시간과 정력을 쏟는다면 하나님을 위해 일하더라도 내면의 생활을 잃어버릴 공산이 크다. 노동은 선하고 필요한 것이지만 노동을 지나치게 하면 영혼은 영적인 가치에 둔감해지고 마음은 딱딱하게 굳어져 기도와 하늘의 일을 소홀히 하게 된다. 진지한 노력과 용기 있는 희생이 있어야 마음이 굳어지는 것을 막을 수 있다.[12]

과로하면 마음이 굳어진다. 일 중독자일수록 아테롬성 동맥경화에 걸릴 확률이 높다. 너무 바쁘게 일하면 영혼의 심장도 딱딱하게 굳는다. 하나님의 일은 과로해도 괜찮다고 여기는가? '하나님을 위해 과로하는' 이상한 이웃과 지내는 건 괜찮다고 여기는 가? 왜 그렇게 생각하는가?

때로 우리는 일에 자신의 가치가 있다는 확신에 사로잡힌다. 그러나 내가 하는 일은 나를 표현할 뿐이다. 일이 내 가치를 결정하지 않는다. 주된 정체성과 보조적인 정체성이 뒤바뀌면 영혼에 치명적인 손상을 남기고 해로운 충동이 강해진다. 지나친 활동은 양적으로 인상적인 결과를 남기겠지만 그 때문에 마음이 굳어지면 성령의 능력을 받지 못한다. 주변의 그런 리더들을 떠올려보라. 그들에게는 성령의 가장 기본적인 열매인 오래 참음과 자비, 화평, 온유가 부족하다.

그윽한 영적인 열매가 없더라도 숫자상으로 성공하면 그만이라고 믿을 것인가? 하나님의 영이 하신 일이 아니므로 영원한 결실을 보장할 수 없는데도 드러난 외적 성공에 만족할 것인가?

토머스 머튼은 하나님이 각 사람에게 주시는 성찰적인 생활을 사람들이 외면하는 이유에 대해 설명한다.

[그들은] 중요하게 보이는 활동과 사업에 애착을 가진다. 끊임없이 활동하고 늘 성취감을 느끼고 싶은 열망에 눈이 멀고, 눈에 보이고 손에 잡히는 성과와 성공에 굶주린 나머지 십여 가지 일을 동시에 하면서 바쁘게 살지 않으면 하나님이 기뻐하지 않으신다고 믿는 지경까지 이른다. 때로 기도할 시간이 없다고 탄식하고 불평하지만 자신의 탄식이 진실하지 못함을 깨닫지 못할 정도로 자신을 철저하게 기만하는 거짓말쟁이가 되고 만다. 그들은 점점 더 많은 일을 할 뿐 아니라 그 와중에 새

일을 찾기까지 한다.[13]

나 역시 하나님 나라의 의와 일보다 하나님을 위한 일을 먼저 찾게 된다. 내 마음은 '나라가 임하시오며 뜻이 이루어지이다'라는 예수님의 기도로 충만한 게 아니라 '내가 하는 일과 내가 일하는 곳에 복을 내려주세요'라는 기도뿐이다.

이는 지난 이백 년 사이에 나타난 새로운 문제가 아니다. 14세기 철학자이자 신학자인 시에나의 캐서린(Catherine)은 주님께, 성경에는 주님이 백성과 어디나 함께 계시는 것 같은데 그녀의 시대에는 주님이 아무 데도 없는 것처럼 보이는 까닭을 물었다. 그때 하신 하나님의 대답은 지금도 유효하다.

[성경 시대에 하나님의 임재가 백성을 떠나지 않는 것처럼 보이는 이유는] 그들이 도가니에서 만들어지는 금처럼, 화가의 붓끝이 닿는 화폭처럼 사랑의 법을 마음에 새기시는 그분께 자신을 내맡겨 그분의 인도를 기다리는 신실한 제자로서 하나님께 나아갔기 때문이다. [캐서린] 시대의 그리스도인들은 그분에게는 눈과 귀가 없는 듯 행동했고 언행을 삼가는 법이 없었고 쉴 새 없이 바쁘게 일하는 통에 그분께 순종할 틈이 없었다.[14]

14세기 사람들도 지금처럼 서두르는 탓에 하나님의 임재를 느낄 수 없었다.

오늘날 교회 생활은 어떨까? 우리는 일반적으로 헌신적인 그리스도인일수록 교회 일에 바빠야 한다고 여기는 듯하다. 예배

모임, 청소년이나 어린이 사역, 성경 공부 모임, 소그룹 정기 모임, 행사 등등. 우리가 따르는 하나님을 향유하고 그분을 좇으라는 권면을 듣고 그분의 특별한 목적을 이루기 위한 열린 공간과 느긋한 시간을 넉넉하게 마련하기 위해 어느 순간 모든 '활동'을 취소하는 것이 가능할까?

나는 '느긋한 시간'에 대한 글을 쓰면서 우리가 서둘러 일해도 일을 '더 많이' 하기는커녕 잘못된 일을 할 때가 아주 많다는 증거를 되풀이해서 본다. 그리스도의 제자는 주님이 실제로 바라시는 것이 구체적으로 무엇인지 귀를 기울일 수 있을 정도까지 느긋해야 한다.

그렇다면 우리가 그려볼 수 있는 생산적이고 풍성한 삶이란 과연 어떤 것일까?

은혜는
무익한 과로를 막는다

과연 경건하고 생산적인 여유란 어떤 것일까? 은혜를 힘입어 열심히 일했다는 바울의 말이 떠오른다. "그러나 내가 나 된 것은 하나님의 은혜로 된 것이니 내게 주신 그의 은혜가 헛되지 아니하여 내가 모든 사도보다 더 많이 수고하였으나 내가 한 것이 아니요 오직 나와 함께하신 하나님의 은혜로라"(고전 15:10).

우수하고 근면한 일은 은혜로 가능하다. 은혜는 무익한 과로를 막는다.

이 비유를 생각해보라. 왕에게 두 신하가 있었다. 한 신하는 왕의 노여움을 살까 싶어 날마다 새벽같이 일어나 왕이 지시할 것이라고 믿는 모든 일을 서둘러 진행했다. 그는 왕이 무엇을 바라는지 직접 묻고 싶지 않았다. 그 대신 이른 아침부터 밤늦게까지 바쁘게 이 일 저 일을 찾아서 했다. 왕이 기뻐하는 모습을 간절히 보고 싶기는 마찬가지였던 또 다른 신하는 역시 새벽부터 일어났지만 잠시 왕을 찾아가 그날 하고 싶은 일이 무엇인지 물었다. 그는 왕의 대답을 들은 후에야 왕이 친히 관심과 뜻을 보인 업무와 사업을 시작했다. 일하느라 바쁜 신하는 다른 신하보다 해치운 일이 많겠지만 과연 왕의 뜻을 이루고 왕을 기쁘게 한 신하는 누구였을까?

하나님을 위해 우리가 해낼 수 있는 일을 많이 하는 게 생산적인 건 아니다. 하루하루 하나님이 실제로 우리에게 맡기신 선한 일을 하는 것이 진짜 생산적인 삶이다. 우리는 종이 아니라 하나님 아버지의 선한 일을 맡은, 사랑스러운 아들딸들임을 배우는 게 진짜 생산적인 교육이다. 그렇다면 하나님의 구체적인 지시는 어떻게 기다려야 하고, 구체적으로 행동해야 할 때는 어떻게 판단할 수 있을까?

'여로'(The Journey)의 한 여자 수료생이 훈련받을 때 했던 이야기가 있다. '여로'는 리더십연구소에서 20~25세 그리스도인 리더를 대상으로 이 년 동안 여섯 차례 수련회를 통해 영성을 함양하고 리더십을 기르는 교육 과정이다. 그녀는 자신이 속한 조직의 리더 모임에서 예배를 자주 인도했다. 한 모임에서 그녀는 국제 사역 단체의 국내 책임자들에게 이 분 동안 침묵하면서 하나님께 귀를 기울이고 그분의 말씀을 되새기자고 제안했다. 낯선 제안이었기 때문에 침묵을 시간 낭비로 여길 사람이 있을 법도 했다. 하지만 하나님은 침묵을 통해 말씀하셨다.

접근 제한 국가에서 큰 사역을 맡고 있는 한 리더는 정부가 모든 기독교 사역을 엄격하게 단속한 이후로 사역이 어려워졌다고 말했다. 그들이 같이 침묵하는 이 분 동안 하나님은 그에게 매우 현실적인 난관을 극복할 전략을 허락하셨다. 하나님 은혜의 향기, 그분의 주권과 초대, 생명과 격려를 주는 계획이었다. 몇몇에게는 반직관적인 행동처럼 보일 수 있는 이 분의 침묵에서 그들은 깊은 지혜와 하늘의 지시를 받았다. 그리스도 안에 적극적으로 머무르는 것이 진짜 생산적인 활동이다.

내가 하는 일은 나를 향한 하나님의 은총과 내 안에서 일어나는 그분의 은혜로운 일을 보여주고 있는가? 내 인생의 속도는 그리스도의 속도와 일치하는가? 내 생활을 본 사람이 '당신이 하는 일은 하나님의 은총 없이는 불가능하다'라고 말할 수 있겠는가? 내가 거두는 결실은 쉴 새 없이 바쁘게 일한 결과인가? 영원한 열매는 어디로부터 나오는 것인가? 느긋하게 '머무르는' 곳에서 일을 배웠다면 어떻게 되었을까? 예수님이 하셨던 일이 그런 것 아니었을까? 예수님이 서두르셨다는 증거는 없다. 사실 그분이 느긋하게 행동하시는 바람에 때로 제자들이 실망했다는 증거는 '많다'. 예수님은 느긋하면서도 풍성한 생활을 하셨다. 우리에게 이 말은 모순처럼 들린다.

느긋함을 회복하는 시간 🌱

1 근래에 지체할 틈이 없이 대처해야 했던 긴급한 일이 있었는가? 다시 말해 서두를 만한 경건한 일이 있었는가?

2 불경건한 게으름을 피우고 싶었던 때는 언제였는가? 거룩한 초대임을 깨닫지 못하고 미뤘던 선행은 무엇인가?

3 느긋하게 살자는 이 책의 메시지가 당신의 생각이나 뜻, 생활과 일에서 게으름을 정당화할 부분은 없는가?

4 일상생활에서 해태로 고민하거나 씨름하는 부분은 없는가?

5 과로를 해서라도 자신감을 가지고 싶은 충동은 그 일을 통해 하나님과 풍성하게 소통하는 것을 어떻게 단절하는가?

4장   유혹,
느긋해야 이긴다

마크(Mark)는 미국 유수한 회사의 최고경영자다. 아울러 어디를 가든지 사람들의 이목을 휘어잡는 인상적인 사람이기도 하다. 180센티미터가 넘는 큰 키와 최고경영자라는 직함 때문에 모든 사람이 그를 우러른다. 그는 개천에서 용 난다는 말이 어울리는 입지전적인 인물로서 하는 일마다 성공하는 것 같다.

밥(Bob)은 마크가 가장 신뢰하는 현명한 고문이다. 그는 어떤 상황에서도 정답을 알고 있다. 밥은 마크가 경영하는 회사에서 멘토이자 이사로 오랫동안 근무했다. 마크가 보기에 밥은 한 번도 잘못된 조언을 한 적이 없다. 마크는 리더들에게 비즈니스 권위자로 인정받는 밥이 자신의 편이란 사실이 무척 기쁘다. 마크는 대학을 갓 졸업한 시기에 밥을 만났다. 그는 밥을 전적으로 믿는다. 하지만 요사이 부자지간 같은 두 사람의 관계가 시험대에 올랐다.

마크의 회사는 창립 이래 최대 거래의 최종 결정을 남겨두고 있다. 하지만 그들이 경쟁하는 회사는 훨씬 큰 다국적 회사다. 사소한 일 하나도 소홀히 할 수 없다. 하나라도 어긋나면 낭패를 볼 것이 뻔하다. 실수는 용납할 수 없다.

그 사실을 잘 아는 밥은 마크에게 거래에 대해 더 알아볼 것이 있다고 말한다. 몇 가지 석연치 않은 점이 있다며 일주일 후에 연락할 테니 그때까지 결정을 미루라고 당부한다. 밥이 조사를 마칠 때까지 마크는 서류에 서명도 어떤 행동도 할 수 없다는 뜻이다. "나를 믿게"라는 밥의 말에 마크는 마지못해 동의한다. 최고경영자, 의사결정권자인 마크는 밥의 충고에 무력감을 조금 느낀다.

시간이 흐를수록 마크는 점점 더 심한 압박을 느낀다. 대형 경쟁사는 위협적이고 성가신 존재다. 잠재적 거래는 무산될지도 모른다. 이런 상황에 밥은 연락을 해도 전화를 받지 않는다. 문자, 음성메시지, 이메일을 보내도 대꾸가 없다! 마크는 점점 더 동요하고 모든 직원은 살얼음을 걷는 기분이다. 일주일 후 약속한 날이 되었는데도 밥은 감감무소식이다. 마크는 실망하고 분개한다. 그가 보기에 거래는 무산될 위기다. 무슨 조치를 취해야 한다. 행동할 때다. 밥은 시간을 너무 오래 끌었다. 거래가 경쟁사에 넘어간다면 지난 일주일 동안 그가 무엇을 알아냈든지 그 정보는 무용지물이 될 것이다.

그래서 마크는 두어 군데 전화를 걸어 거래를 성사시킨다. 그러고는 안도감과 성취감을 느낀다. 아무 연락이 없는 밥이 괘씸

할 따름이다. 그는 어서 밥을 만나 계약을 체결했다는 소식을 전해주고 싶다. 최종 결정을 내린 전화를 끊기가 무섭게, 갑자기 밥이 사무실로 들어온다.

"여보게, 자네는 내가 이번 거래를 자세히 살펴본 걸 고맙게 여겨야 할 걸세. 모든 게 거짓이었어. 샅샅이 조사해보니 내용이 앞뒤가 맞지 않아. 이 거래는 재앙이야. 누구든 계약했다면 후회했을 걸세. 우리에게 득이 될 게 하나도 없어. 어서 손을 떼게. 지금 당장!"

놀란 얼굴로 입을 다물지 못하는 마크를 보고 밥은 이상한 생각이 든다. "벌써 전화를 했습니다. 거래는 무산될 위기였고 경쟁사가 더 좋은 조건을 내걸고 계약을 체결하려 해서 내가 먼저 전화를 걸어 계약했습니다."

밥이 고함을 지른다. "대체 무슨 생각으로 그랬나? 생각은 한 건가? 자네 때문에 회사 전체가 위험에 빠졌어! 이번 거래의 진상이 알려지면 주가는 걷잡을 수 없이 떨어질 걸세. 이사회는 자네를 해고할 거야. 마크, 마음의 준비를 단단히 해두게."

서두르면
대가를 치른다

마크와 밥의 이야기를 듣고 나서 구약 성경의 사울 왕과 사무엘 선지자의 이야기가 떠올랐을 것이다. 사울은 이스라엘의 왕이었고 사무엘은 주님의 예언자로서 왕이 믿을 만한 현명한 조언자였다. 사무엘은 사울에게 자신이 다시 돌아와서 이스라엘을 대신해 주님께 제사를 드릴 테니 기다리라고 당부한다(삼상 13:8).
사울은 칠 일을 기다리지만 위기가 임박하여 군사들의 사기가
급락하자 유혹을 이기지 못하고 스스로 제사를 올린다. 곧이어
사무엘이 나타난다. 그는 일주일 뒤에 오겠다는 약속을 지켰다.
선지자의 약속을 믿고 하나님의 길을 걸어야 했을 사울은 스스
로 행동했다. 그는 제사를 직접 주관하기로 결정한 탓에 왕위를
빼앗겼다. 서두른 대가가 몹시 크다. 성경에는 하나님의 계획을
앞질러갔거나 같은 목적지에 더 일찍 도착하기 위해 다른 길을
선택했던 사람들의 비극적인 이야기가 많다.

서두르면 대가를 치른다. 사울처럼 큰 대가를 치를 때가 많다.
그런데도 속도를 늦추는 것이 쉽지 않다. 우리는 결정이 빠른 리
더를 치켜세운다. 해야 할 일이 산더미같이 쌓여있고 바쁘다는
것은 신분이 높다는 상징이나 다름없다. 하지만 이런 가치는 우
리가 따라야 할 주님의 생활 방식과는 전혀 무관하다.

이를테면 나사로의 병세가 위중하다는 소식을 들은 예수님이
어떻게 하셨는지 보라. 절친한 친구가 아프다는 소식을 듣고 이
틀 후에야 찾아간 예수님은 서두르신 것일까, 느긋하신 것일까?
야이로의 딸이 사경을 헤매고 있을 때 하혈하는 여인을 따뜻이
대한 예수님은 서두르신 것일까, 느긋하신 것일까? 예수님은 적
극적으로 활동했지만 걱정하지도 서두르지도 않으셨다.

아브라함에게 아들을 주겠다고 약속한 후 이십오 년을 기다린
하나님은 서두르시는 분일까? 아브라함과 사라는 하나님을 돕
겠다는 심정으로 풍속을 따라 조급하게 서두르는 바람에 하갈을

통해 이스마엘을 낳았다. 하루가 천 년 같은 하나님은 서두르지 않으신다(벧후 3:8).

서두르는 것은 큰 유혹이다. 서두르는 것은 충동적이고 무조건적인 반응처럼 보인다. '이런 기회는 다시 오지 않아. 당장 해야겠어!' 기회는 지금뿐이라는 거짓말은 서두르라는 유혹을 부채질한다. 예수님이 요단강에서 세례를 받은 직후 광야에서 마귀를 만난 일을 통해 우리는 서두르게 만드는 유혹의 특징과 유혹에 맞서는 경건한 대응을 엿볼 수 있다. 예수님은 유혹에 느긋하게 대처하시는 데 뛰어난 분이다.

서두르라는 유혹을 물리치신 예수님

세례를 받은 예수님은 성부의 확실한 말씀을 들으셨다. "너는 내 사랑하는 아들이라 내가 너를 기뻐하노라"(눅 3:22). 그리고는 성령께 이끌려 광야로 가셨다(눅 4:1). 유혹자는 사막에서 하나님 말씀을 인용해 질문으로 바꾼다. 하나님이 마침표(나 느낌표)를 찍은 문장에 유혹자는 물음표를 들이민다. 그는 하나님의 신실한 약속에 '만일'이란 말을 보탠다. 그는 하나님의 선물을 당연히 요구할 수 있는 것, 획득해야 하는 것, 속여서라도 받아내야 하는 것으로 바꾸고 싶어 한다. 크리스마스트리 밑에 있는 선물에 가격표가 붙어있는 것을 상상이나 할 수 있는가?

성령은 예수님을 사십 일 동안 광야에 머물게 하시고, 예수님은 광야에서 마귀의 유혹을 받으신다. 내가 예수님처럼 서른 살까지 기다린 후 사역을 시작했다면 유혹이 아니라 다른 것을 기대하지 않았을까? 역시 하나님의 방법은 우리의 방법과 다르다. 우리는 자신의 방법을 버리고 예수님의 방법을 배워야 한다. 예수님은 사역을 위해 삼십 년을 기다렸음에도 불구하고 처음 사십 일 동안 외부 활동을 끊으셨다. 그분은 서두르지 않으셨다.

광야에 도착하리라 기대하면서 하나님의 영을 좇아가는 사람이 있을까? 아마 없을 것이다. 우리는 정반대의 것, 즉 축복과 안위의 오아시스에 도착하길 기대한다. 하지만 성령은 예수님을 시험과 고통, 난관의 자리로 데리고 가셨다. 그런 사십 일은 속히 지나가지 않는다. 그런 나날은 더디게 흐른다. 서두르지 않는다는 것이 반드시 편안한 낙원에서 지낸다는 뜻은 아니다.

알다시피 예수님은 사십 일 동안 광야에서 금식하면서 마귀의 시험을 받으신다. 내가 보기에 이 본문은 마귀가 예수님을 서두르게 만들려고 유혹하는 것이다. 유혹자는 예수님께 필요한 것을 얻고 해야 할 일을 할 때를 스스로 결정하라고 제안한다. "어서 하세요! 필요한 게 있으면 가지세요! 하나님이 하라고 하신 일을 하세요! 시작하세요! 무얼 기다립니까?" 하지만 예수님은 서두르라는 유혹을 물리치신다. 놀랍다. 우리가 본받아야 할 놀라운 자세다!

예수님의 광야 여행은 금식으로 더 느긋해진다. 나는 금식을 오래 할 때면(물론 사십 일은 불가능하다) 천천히 움직일 수밖에 없다. 음식을 섭취하지 않아서 신체 활동이 느려지기 때문이다. 그런데 내 몸이 칼로리의 바다에서 허우적거릴 때보다 금식으로 느긋할 때 영적인 일에 더 깊이 몰두할 수 있다.

당연히 우리는 외롭고 쓸쓸할 때나 궁핍할 때 유혹과 가장 큰 싸움을 벌인다. 배가 고플 때도 마찬가지다! 예수님의 광야 여행을 보면 그분은 기운이 남아있지 않을 때에도 유혹을 이기는 법을 아신다. 그분은 또한 누구를 예배하고 누구에게 순종해야 하는지뿐 아니라 인생을 어디에 투자하고 무엇을 피해야 하는지도 아신다. 하지만 우리는 올바른 선택을 내리는 것이 어려울 때가 많다. 우리는 하나님이 우리를 광야로 인도하시면 그분에게 푸대접을 받는다고 생각하지만, 오히려 그 시간을 통해 그분을 친밀하게 만나고 그분의 음성을 똑바로 듣고 그분의 능력을 깊이 의지한다는 것이 무엇인지 알 수 있다.

나는 아담이 받은 유혹과 예수님이 받은 유혹을 비교하는 말을 들은 적이 있다. 아담은 사십 일 동안 금식하지 않았는데도 유혹 앞에 무릎을 꿇었지만 예수님은 금식을 하면서도 유혹자에게 강하게 대항하셨다. 아담은 동산에 있었지만 예수님은 광야에 계셨다. 아담은 동산에서 단 하나를 제외한 모든 실과를 먹을 수 있었지만 예수님은 잡수실 것이 없었다. 예수님은 기운이 바닥났을 때 시험을 받았지만 악조건에도 유혹을 물리치셨다.

유혹자는 세 가지 구체적인 계획을 가지고 예수님께 접근해 하늘 아버지의 마음을 의심하게 만들고 조급하게 행동하도록 부채질한다. 우리는 예수님의 대응을 통해 원수의 거짓 약속을 물리치고 그분의 진리를 붙잡는 방법을 배울 수 있다.

첫 번째 유혹,
필요한 것을 가지라

마귀가 이르되 네가 만일 하나님의 아들이어든 이 돌들에게 명하여 떡이 되게 하라 예수께서 대답하시되 기록된 바 사람이 떡으로만 살 것이 아니라 하였느니라(눅 4:3-4).

마귀는 유혹할 때마다 예수님이 자신의 소명과 정체성에 의심을 품도록 그분 마음에 불신의 씨앗을 심으려고 한다. 하나님이 똑똑히 약속하신 것에 대해 마귀는 '만일'이란 말을 덧붙이는 것을 좋아한다. 하나님은 우리에게 화평과 믿음의 여유를 가르치시고 마귀는 의심과 불안을 일으킨다. 우리가 기다려야 할 때 원수는 우리에게 어서 달리라고 부추긴다.

> 마귀: 예수님, 배가 고프시잖아요. '지금' 이 돌들을 음식으로 만들어 드세요!
>
> 예수: 빵이 전부가 아니다. 그게 나에게 가장 필요한 것도 아니다. 나는 나에게 가장 필요한 것을 아버지께서 적시에 마련해주시리라 믿는다.

마귀는 지금 여기서 스스로 대책을 세우라고 예수님을 유혹한다. 마찬가지로 원수는 하나님의 계획을 추월하라고 우리를 꾄다.

일본 신학자 코스케 코야마(Kosuke Koyama)는 《시속 4킬로미터의 하나님》(Three Mile an Hour God)에서 "사람이 떡으로만 살 것이 아니라"라는 가르침이 예수님보다 수백 년 전부터 광야에서 살았던 아브라함의 자녀에게 왜 중요한지 설명한다. "그들이 가나안 땅에 들어가기 전에 하나님은 이 한 가지 가르침을 위해 사십 년을 쓰기로 하셨다. 다시 말하지만 한 가지 가르침을 위해 사십 년이다! 얼마나 느리고 얼마나 인내심이 대단하신가."[1]

하나님은 자녀들이 그 가르침을 통달하길 바라신다. 그 가르침은 끈기와 믿음으로 배워야 할 것인데 우리는 몹시 서둘러 배우고 싶은 유혹을 받는다. 결국 하나님은 일을 충실하게 하시는 분이기 때문에 서두르는 법이 없으시다.

하지만 동산에 나타난 마귀는 아담과 하와에게, 하나님이 두 사람 영혼의 깊은 욕구를 일부러 방해하고 계시므로 그 열매를 맛있게 먹으라는 뜻을 넌지시 내비친다. 마귀의 말을 따르는 것은 경건한 선택이 아니다. 유혹에 넘어가는 것이고 하나님을 등지는 행위다. 아담과 하와는 하나님처럼 되고 싶은 기회를 덥석 붙잡았다. 그러고는 거리낌 없이 친밀했던 하나님과 멀어졌다. 그들은 당장 필요하다고 여겨지는 것을 가지기 위해 하나님 아버지를 무시하고 행동하라는 유혹에 넘어갔다. 그들은 쓸 것을 마련해주겠다는 하나님의 약속을 믿지 못했기 때문에 유혹에 넘어갔다. 유혹자는 이와 똑같은 진부한 술수로 예수님을 유혹한다. 오랫동안 효과를 톡톡히 보았기 때문이다.

다시 말하지만 서두르는 것은 '이런 기회는 다시 오지 않아. 당장 해야겠어!' 같은 태도의 충동적이고 무조건적인 반응이다. 유혹은 충동과 실행 사이의 간격을 좁힌다. 강박적이고 중독적인 생활에서는 충동과 실행이 동시에 일어난다. 반대로 지혜로운 사람은 충동과 버릇을 분별한다. 하나님의 영이 하시는 일인가? 성령의 인도인가? 아니면 다른 원인이 있는가?

'떡으로만'이라는 통찰에서 또한 소유물로 사람을 평가하는 버릇 때문에 조급하게 군다는 것을 알 수 있다. 가진 것이 많을수록 우리는 더 가치 있는 사람처럼 느낀다.

"영국 설교자 캠벨 모건(Campbell Morgan)은, 박해는 마귀가 펼치는 차선의 전술이라고 말했다. 최선의 전술은 물질주의다. 몹시 오랫동안 서구인들은 믿음의 몽유병자처럼 살았다. 물질적 안락을 누리고 미친 듯 바쁘게 살면서 우리가 영적 전투를 하고 있다는 것조차 잊어버렸다."[2]

우리는 돈을 더 많이 벌어서 없어도 될 물건을 사기 위해 열심히 일한다. 이런 쳇바퀴는 점점 더 빨리 돌아간다. 즉 유혹은 그릇된 등식을 믿도록 우리를 부추긴다. "더 많이 모으고 더 많이 소비하는 것이 더 가치 있는 삶이다." 이런 유혹에 굴복하면 바쁘게 살 수밖에 없다. 우리는 아무것도 모른 채 덫에 걸렸다. 다음 예화를 통해 우리 생활을 깊이 통찰해보자.

성탄절이다. 신이 나서 거실에 모인 아이들은 고맙다는 말도 없이 선물 상자를 뜯어본다. 그들은 감사의 기쁨을 모른다. 선물을 주고받는 즐거움을 누리지 못한다. 우리는 물질주의에 쫓겨 속도를 내는 바람에 고마움이란 선물을 밟고 지나간다. 물질주의에서 감사는 비효율적인 것이며 성취와 업적의 공을 하나님께 돌릴 기회를 앗아간다.

우리는 예수님을 본받아 이런 유혹에 맞서야 한다. 먹고사는 것 또는 집이나 옷과 각종 물건들이 인생의 전부가 아님을 기억해야 한다. 영원한 세상에 머무르는 법을 배우는 것이 인생이다. 하나님이 주시는 것을 먹고 하나님이 주시는 것에 만족하고 하나님을 의지하고 살아야 올바로 사는 것이다. 유혹은 하나님을 기다리는 것은 시간 낭비라고 호언한다.

지난 세기의 성공회 베네딕트회 셜리 카터 휴슨(Shirley Carter Hughson) 수도원장은 이런 말을 했다. "매 순간 하나님께 헌신할 때 시쳇말로 아무것도 하지 않는 기다림 역시 기도나 노동만큼 하나님께 올리는 예물임을 기억하라. 청교도 밀튼(Milton)조차 '서서 기다리기만 하는 그들 역시 섬기는 것이다'라고 말했다. 모든 일에 서두르게 만드는 사탄의 유혹을 물리치라."[3]

두 번째 유혹, 네가 책임자다!

마귀가 또 예수를 이끌고 올라가서 순식간에 천하만국을 보이며 이르되 이 모든 권위와 그 영광을 내가 네게 주리라 이것은 내게 넘겨준 것이므로 내가 원하는 자에게 주노라 그러므로 네가 만일 내게 절하면 다 네 것이 되리라 예수께서 대답하여 이르시되 기록된 바 주 너의 하나님께 경배하고 다만 그를 섬기라 하였느니라(눅 4:5-8).

마귀: 당신은 하나님 나라가 '가까웠다'라고 하셨습니다. 당신이 나에게 절하시면 천하만국이 '지금 당장' 당신의 것이 될 것입니다!

예수: 사탄, 어림없다. 나는 하나님 한 분만 경배하고 섬긴다. 그분은
    알맞은 때에 그분의 나라를 여시고 나에게 권위를 주실 것이다.

마귀는 예수님께 '지금' 권위를 얻을 수 있다고 말한다. 기다릴
필요도 없고 고통을 당할 이유도 없다. 십자가를 지지 않아도 된
다. '지금' 할 수 있다! 전략은 간단하다. 마귀는 우리에게 하나님
이 권위와 영예를 주시기로 한 일정을 앞당기라고 유혹한다. 우
리는 권력과 영향력을 가지고 싶다, 빛나고 싶다, 남들 앞에서 높
아지고 싶다, 주목받고 싶다. 사실 이 모든 것은 하나님 아버지가
주시는 은혜의 선물이지 얻기 위해 다투는 상이 아니다. 적법한
권위와 진짜 명예는 언제나 받는 것이다. 따라서 유혹은 하나님
이 손수 주시는 힘을 하나님의 때에 하나님의 방법으로 받기를
기다리지 않고 강탈하려고 한다. 유혹은 꼬드긴다. '모든 것을 네
가 차지해.' 그러나 하나님은 모든 것을 받아서 나누라고 은혜로
말씀하신다.

마귀는 예수님께 아버지가 시킨 일, 곧 천하만국을 다스리는
일을 하더라도 시기와 방법은 스스로 정하라고 유혹한다. 아버
지의 완전한 때와 방법은 믿지 말라는 것이다.

마귀가 쓴 미끼는 무엇이었을까? 그가 예수님께 말했다. "당
신은 천하만국을 지금 다스릴 수 있습니다." 천하만국은 과연 유
혹자의 수중에 있다. 낚싯바늘은 무엇이었을까? "천하만국의 권
위를 드릴 테니 나에게 절하십시오." 사기꾼의 유혹이 그렇듯 이
제안에도 사실과 거짓말이 뒤섞여있다. 유혹자는 세상 권세와

권위가 크다고는 할 수 있어도 세상에 대한 주권은 없었다. 명백한 거짓말은 아니라도 그의 말은 과대 선전이다.

그렇다면 마귀가 우리에게 쓰는 미끼는 무엇일까? "지금 당장 네 힘으로 세상을 바꿀 수 있어." 낚싯바늘은 무엇일까? "하나님을 위해 일해. 하나님과 함께 일하려고 기다리거나 고민하지 마."

하나님 아버지는 어떤 방법으로 예수 그리스도에게 하늘과 땅의 모든 권세를 주셨는가? 고통을 통해서였다(빌 2:5-11). 그렇다면 그분을 따르는 우리가 다른 방법을 기대할 수 있겠는가?

우리는 스스로 영광을 차지하고 싶은 유혹을 어떻게 이길 수 있을까? 하나님께 계속 집중해야 한다. 그분을 경배해야 한다. 정확한 때에 그분이 우리를 높이 드실 것을 겸손하게 믿어야 한다. 우리가 자신을 높이는 일은 신체적으로 불가능하고 영적으로 어리석은 짓이다. 참된 영향력은 늘 하나님이 우리에게 주시는 것이지 우리가 스스로 차지할 수 있는 것이 아니다.

세 번째 유혹,
하나님의 사랑을 증명하라!

또 이끌고 예루살렘으로 가서 성전 꼭대기에 세우고 이르되 네가 만일 하나님의 아들이어든 여기서 뛰어내리라 기록되었으되 하나님이 너를 위하여 그 사자들을 명하사 너를 지키게 하시리라 하였고 또한 그들이 손으로 너를 받들어 네 발이 돌에 부딪치지 않게 하시리라 하였느니라 예수께서 대답하여 이르시되 주 너의 하나님을 시험하지 말라 하였느니라(눅 4:9-12).

마귀: 당신이 하나님의 아들임을 왜 당장 증명하지 않습니까? 이 성전 꼭
    대기에서 뛰어내리면 하나님의 천사들이 벼락같이 나타나 구해드
    릴 텐데, 그러면 당신의 정체를 즉시 증명할 수 있지 않습니까?
예수: 나는 아버지의 때와 공급하심을 시험할 이유가 없다.

마귀는 하나님이 주실 명예를 기다리지 말고 서둘러 직접 이름
을 떨치라고 우리를 유혹한다. 세 번째로 마귀는 예수님의 정체
를 의심하면서("하나님이 과연 당신에게 관심을 가지실까?") 모든 사람
이 인정할 수 있게 하나님의 관심을 증명해보라고 유혹한다.

유혹의 장소인 성전은 하나님이 계시는 곳이었다. 성전은 우
리가 성탄절마다 노래하는 임마누엘 곧 "하나님께서 우리와 함
께 계신다"는 물리적 표상이었다. 마귀는 하나님이 계시는 장소
에서 뛰어내려 하나님이 과연 당신과 함께하시는지 증명하라고
예수님을 유혹했다. 하지만 헨리 나우웬의 말마따나 예수님은
스턴트맨이 될 뜻이 없으셨다.[4]

때로 우리는 하나님의 '뜻'은 행하되 그분의 '길'은 외면하지
않는가? 유혹자는 자신의 비틀린 목적을 위해 성경 구절을 인용
하면서 우리를 그렇게 만든다. 성경 구절을 갖다 붙인다고 해서
우리 행동에 권위가 생기는 건 아니다. 원수의 유혹에 강하게 맞
서고 그리스도의 생명으로 살고 싶다면 그리스도의 길을 따라서
살아야 한다.

사탄은 하나님의 보호를 시험해보라고 강하게 유혹한다. 악의
적으로 도발한다. "그분이 약속을 지키게 해보라." 사탄은 우리

가 하나님의 약속을 사랑으로 봉인한 언약이 아니라 법적 계약으로 여기길 바란다. TV에서 한 사역자가 성경에 기록된 치유의 약속에 대해 이야기하는 걸 본 적이 있다. 그가 말했다. "하나님이 좋아하시든 말든 나는 그분이 치유의 약속을 지키게 만들기로 다짐했습니다." 그는 하나님을 어떤 분으로 알고 있는 것일까?

하나님의 사랑을 시험하고 싶거나 자신의 주된 정체성을 그분 외의 다른 것에서 찾고 싶은 유혹을 물리치려면 어떻게 해야 할까? 그분의 보살핌 안에서 '믿기'로 결정해야 한다. 우리의 쓸 것을 그분이 공급하심으로 더욱 우리 믿음이 견고해진다. 지금 하나님의 사랑을 느끼지 못해 애쓰고 있다면 과거에 느꼈던 하나님의 사랑을 떠올려보라. 큰 도움이 된다. 우리는 또한 하나님 안에서만 우리의 가치를 찾아야 한다.

서두름은 하나님의 일을 지연시킨다

때로 우리는 하나님이 약속을 더디 지키고, 인도해달라는 기도에 더디 응답하신다고 느낀다. 우리는 무언가를 기대하고 바라지만 그 일은 즉시 일어나지 않는다. 우리가 나서서 하나님을 도와야 할 것만 같다. 우리 부부는 여러 리더로부터 하나님이 우리 사역을 확장하길 바라신다는 격려와 확언을 듣곤 했다. 작은 교회에서 청년부 사역을 담당하던 시절, 그 말들은 내 마음을 달뜨게 했다. 심지어 일면식도 없는 사람들에게 똑같은 말을 들었을 때는 강하고 뚜렷한 확신까지 들었다. 하지만 몇 달이 지나고 몇 년이 흘렀다. 십 년 후, 객관적인 관찰자가 우리 사역을 보았더라면 조금이라도 있었을지 모르는 영향력이 오히려 줄어들었다고 말했을 것이다. 우리가 잘못 들었던 걸까? 그 사람들이 전부 착각했던 걸까? 정말이지 단기간에 마천루를 지어 올릴 수 있으리라 믿었다. 그런데 거의 이십 년이 지난 후에야 내 노력과는 무관하게 영향력을 발휘할 새로운 문들이 열리기 시작했다. 아직은 우리의 영향력을 마천루에 빗대어 말할 사람은 없겠지만 영향력이 증가하고 있다는 사실은 부인하지 못할 것이다.

오랫동안 실현되지 않는 약속을 기다리면서 믿음을 지키기란 무척 어렵다. 유혹을 느낄 때 성경이 우리에게 건네는 거룩한 초대, 곧 '기다리라'는 말씀을 붙잡는 법을 광야의 예수님처럼 배워야 한다.

공생애 전까지 몇십 년에 또 광야의 사십 일까지, 예수님은 기꺼이 기다리셨다. 우리는 그분을 본받아 아버지 앞에서 똑같은 자세를 가져야 한다. 어떤 상황에서는 기다림이 옳다는 걸 예수님에게서 배운다. 성령은 활동이 아니라 멈춤을 통해 하나님을 믿고 사는 곳으로 이끄신다. 결국 우리 안에서, 우리를 위해, 우리를 통해 하나님만이 하실 수 있는 일이 있다. 게다가 하나님은 시간의 주인이고 그분의 때는 완벽하다! 하나님 아버지와 달리 우리는 시야가 좁다. 우리는 매우 제한적인 시야를 가지고 살아간다. 그러면서도 기다리지 못하고 서두르게 만드는 것과 압박하는 것에는 민감하다. 서두르면 시야가 더 좁아져서 영적인 시야 협착증에 걸린다.

유혹은 조급하고 해롭다. 이런 통찰의 열쇠는 '기다리다'라는 동사다. 이 단어는 성경에서 하나님과 우리의 관계를 묘사하는 데 자주 쓰인다. 미국인들은 기다리는 것을 전혀 좋아하지 않는다. 하나님과 그분의 백성이 성경에서 하는 말을 들어보라.

> 우리 영혼이 여호와를 바람이여 그는 우리의 도움과 방패시로다 우리 마음이 그를 즐거워함이여 우리가 그의 성호를 의지하였기 때문이로다 여호와여 우리가 주께 바라는 대로 주의 인자하심을 우리에게 베푸소서(시 33:20-22).

경건한 여유는 소망으로 가득한 마음에서 잘 자란다. 반대로 절망한 사람은 안절부절못하고 걱정하고 날뛴다. 하나님을 기다리면 그분에 대한 믿음과 끝없는 사랑을 알아보는 눈이 예리해진다. 서두르면 시야가 흐려진다. 고속도로를 달릴 때는 주위에 아름다운 풍광이 펼쳐져도 대부분 못 보고 지나친다. 인생도 마찬가지다. 몇 해 전 여름, 우리 삼부자는 오리건 해안으로 자전거 여행을 떠났다. 닷새 동안 약 640킬로미터가 넘는 거리를 달렸다. 나는 질주하는 자동차 속도가 아니라 자전거 속도로 풍광을 구경했다. 풍성하고 경이로운 경험이었다. 인생의 속도를 늦추면 보상이 크다.

> 여호와 앞에 잠잠하고 참고 기다리라 자기 길이 형통하며 악한 꾀를 이루는 자 때문에 불평하지 말지어다 분을 그치고 노를 버리며 불평하지 말라 오히려 악을 만들 뿐이라(시 37:7-8).

파괴적인 계획을 마음대로 일삼는데도 성공하는 사람들을 보면 불경건하게 서두르고 싶은 유혹을 받는다. 화가 나면 성급한 판단을 내리고 복수를 서두르기도 한다. 분노는 영혼의 조급함이다. 반면 인내는 영혼의 여유다. 안달은 영혼의 조급함이다. 반면 평화는 영혼의 여유와 안식이다. 나는 하나님이 내게 관심이 없다 싶으면 서두른다. 하나님이 해주시지 않을 거라고 성급하게 믿어버린다.

그러나 여호와께서 기다리시나니 이는 너희에게 은혜를 베풀려 하심이요 일어나시리니 이는 너희를 긍휼히 여기려 하심이라 대저 여호와는 정의의 하나님이심이라 그를 기다리는 자마다 복이 있도다(사 30:18).

내가 기다리는 하나님은 은혜에 인색하신 분이 아니다. 그분은 우리에게 은혜를 베풀고 싶어 하신다. 하나님이 내게 복을 주고 싶어 하신다는 것을 믿으면 내 마음의 속도는 어떻게 변할까? 내가 불안에 떨면서 두 손으로 움켜쥘 수 있는 것보다 훨씬 더 많이 베푸시는 분임을 믿는다면 과연 조급하게 성취하고 차지하려고 할까?

내 심령에 이르기를 여호와는 나의 기업이시니 그러므로 내가 그를 바라리라 하도다 기다리는 자들에게나 구하는 영혼들에게 여호와는 선하시도다 사람이 여호와의 구원을 바라고 잠잠히 기다림이 좋도다(애 3:24-26).

예레미야는 자신을 타이르고 있다. 스스로를 경건하게 타이르는 방법은 내게도 유익하다. 하나님은 나의 분깃이며 나를 채우시는 분임을 나 스스로 되새긴다. 내 영혼이 어린아이처럼 날뛰거나 청소년처럼 성급하게 굴 때면 나는 나를 점잖게 타이른다. 하나님이 과연 나를 채우고 참된 생에 필요한 모든 것을 베푸실 것임을 내 영혼에게 말할 수 있다. 그런데 나는 왜 바쁘게 생활하는 걸까? 식당 마감 직전에 음식이 바닥난 무제한 뷔페식당을 찾은 손님 같다. 내가 쓸 것을 하나님이 직접 채우신다는 사실을 느긋하게 믿는다면 어떻게 될까?

자신을 타이르는 실제적인 방법은 생각에 주의를 기울이는 것이다. 이는 일고여덟 가지 죽음의 생각에 주의를 기울였던 사막 교부들의 전통이다. 그들은 죄 자체보다 죄를 짓게 하는 생각에 초점을 두었다. 성경은 "모든 생각을 사로잡아 그리스도에게 복종하게"(고후 10:5) 하라고 하지만 생각을 면밀히 주시하지 않으면 쉽지 않은 일이다. 생각을 수동으로 조종하지 않고 자동 조종 상태에 두면 두 번 다시 찾고 싶지 않은 장소로 향할 것이다. 생각은 스스로 하는 것도 있고 성령이 주시는 것도 있으며 원수가 주는 것도 있다. 실제로 무슨 생각을 하는지 주목하면 생각의 근원을 분별할 수 있고 그 생각을 실행할지 물리칠지 판단할 수 있다.

얼마 전, 해외에 있는 친구들에게 이 책의 초고 일부를 소개할 준비를 했다. 그런데 나는 자신감이 떨어지고 불안해졌다. 곧 이유를 알아챘다. '이 부분은 아직 부족한 게 많아. 집회에서 책을 낭독하면 사람들은 시간 낭비라고 싫어할 거야. 통역까지 할 텐데 시간도 오래 길리고 별 소득이 없을 거야.' 그리스도의 영에서 나오지 않은 부정적인 생각 때문이었다. 나는 곧 생각을 물리치고 원래 계획대로 움직이기로 결정했다.

낭독이 끝나자 결과는 생각했던 것과 전혀 달랐다. 성령의 인도를 받았음이 확실했다.

지금 생각을 하고 있는가? 자신의 생각에 주의하여 분별할 수 있는가? 하나님의 임재와 때를 기다리는 복된 태도를 배우는 데 도움이 될 만한 본문을 더 살펴보자.

그러므로 형제들아 주께서 강림하시기까지 길이 참으라 보라 농부가 땅에서 나는 귀한 열매를 바라고 길이 참아 이른 비와 늦은 비를 기다리나니 너희도 길이 참고 마음을 굳건하게 하라 주의 강림이 가까우니라 형제들아 서로 원망하지 말라 그리하여야 심판을 면하리라 보라 심판주가 문밖에 서계시니라(약 5:7-9).

귀한 작물은 하루아침에 자라지 않는다. 하나님이 약속하신 열매도 우리가 원하는 순간에 가질 수 있는 게 아니다. 인생은 제조업보다 농업에 가깝다. 은유로 말하자면 생명을 주기도 하고 빼앗기도 하는 비, 해, 서리, 질병, 병충해같이 아주 많은 요소를 통제할 수 없기 때문에 우리는 기다린다. 곡식은 땅에서 자란다. 우리는 자라는 곡식을 기다리지 못하고 손에 넣으려고 한다.

하나님이 아브라함에게, 사라를 통해 아들을 주겠다고 하신 약속에 대해 생각해보자. 아이를 낳기에는 노부부의 나이가 몹시 많았다. 그들은 이 약속을 불가능한 것으로 여겼다. 십 년을 기다린 후 사라는 하나님의 식언을 막아야겠다는 생각에 남편에게 자신의 몸종 하갈을 통해 약속받은 아들을 낳자고 제안한다 (창 16장). 하지만 하나님의 때를 추월해서 낳은 아들 이스마엘은 수많은 세대에 걸쳐 이스라엘 백성과 사사건건 충돌하는 민족의 시조가 된다. 하나님의 방법과 때를 기다리지 못한 아브라함의 독단적인 행동은 하나님의 백성뿐 아니라 전 세계를 끊임없이 괴롭히는 결과를 낳았다. 아브라함의 조급한 행동에 대한 대가는 가늠하기 어렵다. 그는 "서두르는 사람은 하나님의 일을 지연시킨다"는 사실의 완벽하고도 애석한 본보기다.

지금 인생에서 가장 힘겨운 유혹은 무엇인가? 분노, 정욕, 교만, 시기에 굳게 맞서 싸우고 있는가? 속도를 늦추면 그런 불경건한 유혹의 헛됨을 알아볼 수 있는 까닭이 무엇일까? 황무지를 걷고 있는 듯한 기분이 들더라도 당신이 쓸 것을 하나님이 정말로 베풀고 싶어 하신다는 것을 보고 믿기 위해서는 무엇을 해야 할까? 하나님 나라의 국력을 높이고 세상을 밝게 비추고 싶어 하시는 하나님을 향한 믿음을 기르려면 무엇을 해야 할까? 당신을 사랑하고 보호하시는 하나님을 더욱 의지하기 위해 오늘 할 수 있는 일은 무엇일까? 내면의 속도를 늦추고, 밝은 눈을 회복하여 인생을 뚜렷하게 응시하며 하나님의 큰 공급과 그분의 거룩한 부름과 성부의 측량할 수 없는 사랑을 볼 수 있기를 기도한다.

1 하나님이 우리에게 선물로 주실 것을 서둘러 차지하고 싶은 유혹이 있는가? 이 것을 어디서 느끼는가? 하나님 앞에서 그분의 자비와 은혜를 받아들이고 이 사실 을 고백하겠는가?

2 지금 기다리고 있는 일들을 떠올려보라. 당신을 조급하게 만드는 유혹은 무엇 인가? 하나님이 당신에게 '함께' 기다리자고 말씀하시지 않겠는가?

3 세 가지 유혹, 곧 하나님의 공급, 권위나 명예, 사랑에 대한 불신 중에 지금 당 신을 가장 괴롭히는 것은 무엇인가? 그 유혹에 대한 예수님의 대응에서 무엇을 배 울 수 있겠는가?

5장   느긋해야
사랑한다

     동네 도로에서 신호가 바뀌기를 기다린다. 나는 조급하지 않고 느긋하게 살기 위해 애쓴다. 녹색등이 켜지는 것을 보고 전진하려는 찰나, 내 뒤에 있던 운전자가 경적을 울린다. 이런 일은 자주 일어난다. 그래서 우리 부부는 '녹색경적'이라는 말을 만들었다. 녹색등과 경적의 줄임말이다. 우리 앞에서 녹색등이 켜진 후 뒤에서 들리는 분노의 경적 사이의 시간은 1나노세컨드(1초의 10억분의 1―편집자)다. 불타는 성마름, 작은 배려의 부재, 고질적인 돌림병이다. 요점은 사랑이 없다는 것이다.

    내가 투덜대는 것처럼 보일지 모른다. 정말 고함을 지르고 싶다. '이 양반아! 무슨 중요한 일이 있기에 그걸 못 참아요? 대통령이라도 만나러 갑니까? 아이가 다쳐서 병원에 갑니까?' 마지막 이유라면 충분히 납득한다. 그런데 대부분은 그렇게 다급한 일이 아닐 것이다. 시간은 돈이므로 서두르는 게 이롭다는 믿음에서 형성된 습관일 공산이 크다. 사랑에 조급함이 끼어들면 조급함이 멈추는가, 사랑이 멈추는가?

우리 시대
최대 유혹은 성마름

고린도전서 13장에서 사랑에 대해 설명하는 바울은 사랑의 첫 번째 특징으로 인내를 꼽았다. 인내는 느긋한 미덕으로 사랑의 느긋한 성격을 강조한다. 인내는 쉽게 포기하지 않는다. 노기를 다스린다. 문제가 보이면 금세 포기하거나 책임을 미루지 않으며, 불편하고 어려운 상황에서 도망치지도 않는다. 사랑도 마찬가지다. 고대 영어에서 인내(patience)에 해당하는 단어는 오래 참음(long-suffering)이다. 인내란 고난을 한동안 기꺼이 참는다는 뜻을 담고 있다. 다른 사람을 사랑하는 것도 마찬가지다.

역사가이자 사회철학자인 유진 로젠스톡휴시(Eugen Rosenstock-Huessy)는 이런 주장을 했다. "우리 시대 최대 유혹은 성마름이다. 기다리고 참고 견디는 것을 거부한다. 우리는 동료 시민들과 창의적이고 깊이 있게 교제하는 대가를 치를 뜻이 없어 보인다."[1] 사랑은 고난의 장소를 서둘러 지나치지 않는다. 사랑하는 사람은 행동하기 전에 귀를 기울인다. 사랑하는 사람은 오해를 풀고 이해를 추구한다. 사랑은 오래 참는다.

이를테면 성경의 하나님이 우리에게 쉽사리 화를 내지 않으신다는 점을 생각해보자. 하지만 당신은 하나님이 당신을 오래 참아주신다고 정말 믿는가? 하나님의 얼굴을 상상할 때 그분은 웃고 계시는가? 아니면 험악한 표정을 짓거나 화를 내시는가? 당신의 잦은 실수에 어이가 없다는 얼굴이신가? 솔직히 말하면 내가 자주 상상하는 하나님은 참을성이 없으시다. 나는 하나님을 더디 이해하고 그분의 길을 좇는 데 서툴기 때문에 하나님이 금방이라도 화를 내실 것만 같다. 하지만 바울이 고린도전서 13장에서 말했듯이 오래 참는 것이 사랑이라면 하나님은 오래 참으시고 나에게도 화를 내지 않으신다.

지난 세기의 일본 신학자 코스케 코야마는 하나님이 이 세상에서 어떤 속도로 움직이시는지, 또 그 이유가 무엇인지에 대해 지혜로운 글을 남겼다.

> 하나님은 사랑이므로 '천천히' 걸으신다. 사랑이 아니라면 그분은 훨씬 더 빨리 움직이실 것이다. 사랑은 그만의 속도가 있다. 내면의 속도, 영적인 속도. 우리가 익숙한 기술의 속도 같은 것과는 다르다. 사랑의 속도이므로 느리지만 모든 속도를 지배한다. 우리가 알든 모르든 당장 폭풍을 만났든 아니든 사랑은 인생의 근저를 시속 4킬로미터로 흐른다. 이는 우리가 걷는 속도이므로 사랑의 하나님이 걸으시는 속도다.[2]

사랑의 속도는 기계적이거나 기술적인 속도가 아니라 유기적인 속도이다. 기계와 기술은 빠른 것이 언제나 낫다. 사랑은 그렇지 않다. 결국 사랑의 속도는 일정하다. 사랑의 속도는 느리고 영적이다. '누군가를 서둘러 사랑하라'는 말은 성립하지 않는다. 코야마는 이어서 말한다.

"예수님은 몹시 느리시다! 우리는 그분을 앞질러 달리고 싶다. … 예수님의 방법은 너무 느리고 비효율적이고 고통스럽다. 예수님의 자원은 사랑이다. 우리의 자원은 돈이다."[3]

우리는 예수님의 느릿느릿한 걸음에 보조를 맞추기보다 그분이 잰걸음으로 우리의 속도에 맞춰 일하시길 원한다. 하지만 그분의 속도는 생산성, 이른바 효율의 자의적인 속도가 아니라 애정과 관심의 속도이다.

천천히 걸을 때
사랑이 시작된다

예수님의 유명한 이야기, 곧 여행길에 쓰러진 부상자를 도운 사마리아인의 아름다운 이야기는 다른 사람에게 관심을 가질 만큼 속도를 늦춘 사람들의 느긋한 성격을 잘 보여준다.

어떤 사람이 예루살렘에서 여리고로 내려가다가 강도를 만나매 강도들이 그 옷을 벗기고 때려 거의 죽은 것을 버리고 갔더라 마침 한 제사장이 그 길로 내려가다가 그를 보고 피하여 지나가고 또 이와 같이 한 레위인도 그곳에 이르러 그를 보고 피하여 지나가되 어떤 사마리아 사람은 여행하는 중 거기 이르러 그를 보고 불쌍히 여겨 가까이 가서 기름과 포도주를 그 상처에 붓고 싸매고 자기 짐승에 태워 주막으로 데리고 가서 돌보아주니라 그 이튿날 그가 주막 주인에게 데나리온 둘을 내어주며 이르되 이 사람을 돌보아주라 비용이 더 들면 내가 돌아올 때에 갚으리라 하였으니 네 생각에는 이 세 사람 중에 누가 강도 만난 자의 이웃이 되겠느냐 이르되 자비를 베푼 자니이다 예수께서 이르시되 가서 너도 이와 같이 하라 하시니라(눅 10:30-37).

제사장과 레위인은 분명히 성전 의식을 마친 터라 부정한 행동을 하고 싶지 않았을 것이다. 하나님의 일을 시작할 참이었고 아마도 믿음을 지키느라 조급했을 것이다. 그들은 부상이 심한 사람을 만났지만 하나님을 위해 해야 할 일을 못하게 방해하는 장애물쯤으로 여겼다. 게다가 부상자를 돕기에는 일정이 몹시 바빴을지 모른다. 종교적 의무를 다하기 위해 다음 행선지로 서둘러 가야 했는지도 모른다.

이야기의 배경을 현대로 바꿔보자. 한 남자가 차를 운전해 로스앤젤레스에서 라스베이거스로 가고 있다. 여행의 목적은 아무도 모른다. 밤이 이슥하다. 고속도로에서 벗어난 뒤 길을 잃었는데 폭주족이 따라붙는다. 그들은 그를 가지고 놀 심산이다. 차를 막아 세우고는 그를 끌어내 차 뒤로 데리고 가서 트렁크를 열라고 지시한다. 그는 살려달라고 애원하지만 결국 흠씬 두들겨 맞는다. 그들은 가져갈 만한 것이 없는지 그의 호주머니와 차 트렁크를 뒤지면서 킬킬 웃는다. 마침내 자동차와 도로 사이에 쓰러져 의식을 잃은 남자를 버려두고 떠난다.

몇 시간이 지난 뒤에 교인들이 가득 탄 교회 버스가 나타난다. 그들은 수련회에 늦었다. 그런데 도로 갓길에서 차를 발견한다. 모든 문과 트렁크가 열려있고 헤드라이트는 희미하게 빛난다. 한 사람이 무슨 일인지 묻는다. 또 한 사람이 길가에 사람이 쓰러저있는 것 같다고 말한다. 그때 운전기사가 말한다. "수련회에 늦었습니다. 멈출 수 없어요."

곧이어 신학교 교수들이 탑승한 버스가 나타난다. 밤은 더욱 어둡고 교수들은 집필에 대한 이야기에 여념이 없다. 여름방학이 시작되어 한동안 집필에 열중할 수 있다며 기뻐한다. 그들은 집회에 참석하기 위해 라스베이거스로 가는 길이다. 청중을 사로잡을 강의를 하겠다는 기대에 부푼 나머지 도로에 쓰러져있는 반죽음의 남자를 알아볼 겨를이 없다.

마지막으로 녹이 슨 자동차가 나타난다. 래리(Larry)는 재미 삼아 도박을 하러 라스베이거스로 가는 길이다. 갓길에 차가 서있는 것을 보자 래리는 무슨 일인지 의아해한다. 시간 약속도 바쁜 일도 없는 래리는 차를 세운다. 헤드라이트 불빛이 차 옆에 쓰러져 피를 흘리는 남자를 비춘다.

래리가 달려가 남자를 살펴보니 상태가 심각하다. 그는 자신의 차로 돌아가 낡은 구급상자를 찾아와서는 최선을 다해 상처를 소독하고 붕대를 감는다. 티셔츠를 벗어 지혈 압박대로 이용한다. 래리는 부상자를 자신의 차 뒷좌석에 눕히고 출발한다. 핏자국이 의자에 묻었지만 그런 것을 생각할 겨를이 없다.

병원도 보건소도 보이지 않는다. 어디에 가서 도움을 청할 수 있을까? 마침내 래리는 어딘지도 모르는 곳에서 황량한 모텔을 발견하고 방을 잡는다. 그는 부상자를 하나밖에 없는 침대에 누이고 간호한다. 경찰에 신고하자 경찰이 찾아와 래리의 증언을 듣는다. 모텔 침대에 누워있는 남자는 의식이 들었다 잃기를 반복하면서 불안한 밤을 보낸다. 래리는 바닥에서 눈을 붙인다.

아침이 되자 래리는 지갑을 탈탈 털어서는 모텔 직원에게 간단하게 설명한다. "이게 내가 가진 돈 전부입니다. 부족하다는 거 압니다. 하지만 어젯밤에 데려온 남자가 많이 다쳐서 지금 당장 옮겨야 합니다. 집에 가서 필요한 물건과 돈을 가지고 올 테니 그동안 그를 돌봐주실 수 있겠습니까? 꼭 다시 와서 나머지 돈을 지불하고 그를 데려가겠습니다." 직원이 상관에게 문의하자 상관은 좋다고 말한다.

예수님의 이야기는 마땅히 해야 할 일을 하지 않고 핑계를 대는 사람들에 관한 이야기가 아니다. 바쁘게 살면 피를 흘리고 다치고 길을 잃고 절박하고 낙망한 영혼들을 만나도 발걸음을 멈추기는커녕 알아채지도 못한다는 말이다. 우리는 길을 가고 있다. 가야 할 목적지가 있다. 일정도 바쁘다. 길에서 만나는 불쌍한 사람은 불편한 방해꾼일 뿐이다. 세상 사람 전부를 사랑하는 건 불가능하다고 불평하겠지만 예수님의 명령은 그게 아니다. 주님은 우리에게, 실제로 만나는 사람에게 관심을 가지라고 하신다. 우리는 곁에 있는 사람을 사랑해야 한다.

사랑은 바라보고 머무르고 행동한다

이제 예수님의 이야기에 등장하는 영웅, 혈로(Way of Blood)라는 별명이 붙은 사마리아인에 대해 생각해보자. 그는 예루살렘과 여리고를 잇는, 위험하기로 악명 높은 황량한 길을 걸었다. 유대인은 사마리아인을 유대인의 순수성을 지키지 않고 현지인과 통혼한 혼혈로 얕잡아 보았다. 지조 없는 것들, 더러운 것들, 부정한 것들. 그런데도 낯선 부상자를 돕는 사마리아인의 자세에는 느긋한 사랑이 뚜렷이 보인다.

사마리아인은 부상자에게 주목했다. 제사장과 레위인은 부상자를 보았지만 진실한 마음으로 본 건 아니었다. 사랑은 바라보는 대상에 영향을 받을 만큼 오래 응시한다. 사랑은 차마 볼 수 없다고 시선을 돌리지 않는다.

사마리아인은 부상자를 불쌍히 여겼다. 부상자를 못 본 척한 유대인 지도자들은 부상자의 아픔에 냉정했다. 그의 아픔에 공감할 뜻이 없고 도울 뜻은 더욱 없었다. 사마리아인은 달랐다. 기꺼이 공감하고 선뜻 도왔다.

사마리아인은 부상자에게 다가갔다. 제사장과 레위인은 다가가지 않았다. 사마리아인도 두 유대인 지도자와 마찬가지로 그날 해야 할 일이 있지 않았을까? 하지만 사마리아인은 자신의 일정 때문에 느긋한 사랑으로 불쌍한 사람을 돕는 선행을 미루지 않았다. 사랑은 도움이 필요한 사람을 만나면 멈춘다. 사랑은 지나치지 않는다. '그가 다가갔다는 것'과 '그가 피해서 지나갔다는 것'은 전혀 다른 말이다. 사랑은 시간을 내어 살피고 섬긴다.

유대인의 스토리텔링에 따르면 제사장은 선량한 사람이어야 했다. 하지만 무정했고 어쩌면 겁이 많았다. 그는 반죽음의 남자를 비난과 두려움의 시선으로 보았다. 이렇게 생각했을지도 모른다. '죄인일지도 몰라. 자초한 일이겠지. 내가 도울 일은 아니야.' 제사장은 부상자에게 다가가지 않고 멀찍이 돌아서 피했다. 이렇게 피하는 것이 조급함의 전략이다. 누군가를 알아보는 게 전부가 아니다. 그건 금세 할 수 있는 일이다. 조급함은 흘낏 쳐다볼 뿐이다. 사랑은 바라보고 머무르고 행동한다. 사마리아인은 비난의 시선이 아니라 자비의 시선으로 보았다. 제사장과는 아주 딴판이다. 그는 부상자의 절박한 사정을 딱하게 여겼다. 그의 마음은 차갑게 식지 않았다.

사마리아인은 기름과 포도주로 상처를 치료했다. 사마리아인은 부상자를 위로하고 보살폈다. 응급 치료를 하고 붕대를 싸맸다. 그는 집중해서 관심을 보였다. 사랑은 대가를 치를 만큼 기꺼이 속도를 늦춘다.

사마리아인은 부상자를 인근 여관으로 데려갔다. 사마리아인은 황량한 지역을 벗어나 인근 마을의 여관을 찾았다. 마을이 얼마나 떨어져있었는지, 그가 부상자를 자기 짐승에 태우고 얼마나 오래 걸었는지는 아무도 모른다. 사랑은 관심을 시간으로 환산하지 않는다. 사마리아인은 솔선해서 부상자를 도왔다. 그는 부상자를 위해 기꺼이 방향을 틀었다.

사마리아인은 부상자 곁에서 밤을 보냈다. 사마리아인은 이를테면 당시의 간병인에게 부상자를 맡길 수도 있었다. 우리의 영웅은 응급 치료 후 부상자를 다른 사람에게 맡길 수도 있었을 텐데 그렇게 하지 않았다. 사마리아인은 느긋하게 이튿날까지 그를 보살폈다. 분명히 일정에 차질이 생겼을 것이다. 예를 들면 그날 저녁 그를 기다리던 사람은 없었을까? 낯선 이에게 사랑을 베풀기 위해 그가 포기한 일은 무엇이었을까?

사마리아인은 부상자가 더욱 편안한 곳에서 쉬면서 회복하도록 이틀 치 일당을 주었다. 사마리아인은 부상자의 상처가 회복할 시간을 벌었다. 나는 종종 주변의 환자들이 서둘러 낫기를 바란다. 순전히 내가 불편해서다. 어서 내 일을 하고 싶다. 하지만 내 인생의 한 시기에 하나님이 내게 바라시는 일은 무엇일까? 내가 몹시 서둘러 하고 싶은 일이 과연 중요한 일일까? 가장 먼저 그 일부터 해치우길 주님이 바라실까? 혹은 내 이웃을 사랑하는 것보다 내 인생의 주인은 나라는 느낌을 회복하거나 유지하는 것이 더욱 중요할까?

이야기에 등장하는 여관 주인에 대해서도 생각해보자. 얼핏 생각해도 중요한 인물은 아닌 것 같다. 하지만 내가 그 주인이라면 반죽음이 된 부상자를 받아주었을까? 돈만 밝히는 사람은 아닌 듯한 여관 주인은, 어쨌든 제사장과 레위인과는 달리 부상자를 도운 셈이다.

사마리아인은 돌아오겠다고 말했다. 그는 부상자의 상태를 확인하기 위해 돌아올 뜻을 품었다. 추가 비용도 부담한다고 밝혔다. 그는 부상자의 회복에 관심을 가졌다. 느긋한 사마리아인은 진심으로 다른 사람에게 관심을 가졌다.

예수님이 율법교사에게 던진, "네 생각에는 이 세 사람 중에 누가 강도 만난 자의 이웃이 되겠느냐?"라는 물음에 대한 답은 자명했다. 하지만 율법교사는 '사마리아인'이라고 답하기 싫었다. 대신 "자비를 베푼 자니이다"라고 답했다. 율법교사에게 '사마리아인'은 인종의 부류에 불과했으므로 사마리아인이 유대인 지도자보다 훌륭하다는 것을 인정하고 싶지 않았다. 사실 예수 님께 '이웃 사랑'의 의미를 여쭈었던 율법교사는 자신의 이웃을 알아내 사랑하는 것보다 자신의 의로움을 드러내는 데 더 관심이 있었던 것이 분명하다.

따를 것인가, 따르지 않을 것인가

선한 사마리아인의 모범을 배우며 따르고 있는가? 아니면 때로 내 일, 심지어 하나님의 일을 완수하기 위해 몹시 서두르는 바람에 도움이 필요한 사람에게 관심을 가질 시간이 없는 건 아닌가? 물론 날마다 길에서 사마리아인과 똑같은 상황을 만나지는 않겠지만 도움이 필요한 사람을 돕지 않고 멀찍이 돌아서 피한 적이 있을 것이다. 마음의 상처나 영혼의 아픔을 지닌 그 사람을, 내일에 충실하기 위해 피했는가? 언젠가는 내 목전에서 사랑을 베풀, 하나님이 주신 기회를 피하기 위해 하나님의 일, 하나님의 부름을 핑계 삼지 않았던가?

사랑은 서두르는 법이 없다. 이 사실은 반복해서 말할 가치가 있다. 하나님과 이웃을 사랑하는 것이 가장 큰 계명이건만, 진정한 사랑이란 오래 참고 서두르지 않는 것이건만, 바쁘게 사는 통에 큰 대가를 치르는 것은 아닐까? 바쁘게 살면서 가장 중요한 것을 놓치고 있는 건 아닐까?

앞서 말했듯이 예수님의 가장 큰 명령은 여전히 가장 중요한 명령이다. 이를 취소하고 대체할 만한 것이 없다. 하나님은 사랑이다. 여기에 덧붙일 것은 없다. 우리는 사랑인가? 우리는 사랑하는가? 요점은 사랑이다. 가장 중요한 것은 사랑이다. 가치 있고 없음을 결정하는 하나님의 으뜸 척도는 사랑이다. 사랑은 영원하다. 사랑하고 싶다면 인생을 더 느긋하게 살아야 한다.

언젠가 교회 잡지에서 보았던 기사가 떠오른다. 그 기사는 스포츠 용어인 '허슬'이란 말을 이용해 빠른 것이 미덕이라고 말했다. 하지만 이는 느긋한 사랑으로 성장하는 생활에 어울리지 않는다. 그리스도의 제자에게는 그분의 속도로 걷는 게 가장 절실히 필요하다. 우리는 어떤 활동을 통해 그리스도와 교제하는 거룩하고 풍성한 열매를 맺고 싶어 한다. 그러려면 예수님의 일생과 사역의 속도와 초점과는 동떨어진 정신없이 바쁜 생활을 멀리해야 한다.

우리는 혼자서 이런 속도로 살아갈 방법을 찾기 위해 애쓰지 않아도 된다. 나는 하나님의 사랑을 생각하면 요한복음 1장 10-11절이 떠오른다. "그가 세상에 계셨으며 세상은 그로 말미암아 지은 바 되었으되 세상이 그를 알지 못하였고 자기 땅에 오매 자기 백성이 영접하지 아니하였으나." 세상을 지으신 분은 예수님이지만 세상은 그분을 알아보지 못했다. 예수님은 세상을 품으셨지만 세상은 그분을 밀어냈다.

과연 우리는 하루하루의 여행에서 예수님의 임재를 인식하며 사는가? 그분을 길과 진리와 생명으로 받아들이고 있는가? 내 일에 바빠서 그분이 펼치신 두 팔에 안기지 않고 지나친 건 아닐까?

혹시 "예수님을 영접한다"는 것을 전도 집회에서 들었던 과거 사건으로 여기는 건 아닌가? 그 말이 지속적으로 느긋하게 사귀자는 그분의 초대임을 알고 있는가? 다시 말해, 예수님을 영접하는 것을 종교적 거래로 여기는가, 사랑의 포옹으로 여기는가?

나는 하나님께 안기고 나 또한 그분을 안고 싶은 열망이 깊다. 내면의 속도를 늦춰 그분이 하시는 일을 알아채고 반기고 싶다. 은혜의 속도에 맞춰 살면서 그분이 내 인생에 계신다는 생생한 현실에 대해 알고 싶다. 그런데도 습관적으로 그리스도인이 된다는 것을 하나님과 동행하는 평생의 여행이 아니라 과거의 사건으로 생각하는 버릇이 있다. 제발이지, 그분을 인식하는 감각을 예리하게 벼리고 싶다. 눈과 귀가 둔감한 나는 하나님의 치유가 필요하다.

헨리 나우웬은 만년에 이렇게 말했다. "평생 나는 늘 방해를 받아서 내 일을 할 수 없었다고 불평했는데 알고 보니 나를 방해한 그것이 곧 내 일이었다."[4] 우리는 서두르는 통에 하나님의 초대와 하나님의 기회를 정면에서 지나치면서도 알아채지 못한다. 하나님을 위한 일을 바쁘게 처리하느라 성령이 코앞으로 내미시는 약속을 놓친다. 날마다 그리스도를 본받아 살면서 만나는 사람들에게 작은 사랑과 응원과 격려와 인정을 표현할 기회를 놓치고 사는 것 같다. 우리는 너무 빨리 움직이는 바람에 멈추고 행동하고 사랑하지 못한다.

사실 나는 인간관계는 느긋한 시간에서 가장 잘 자란다는 것을 발견했고, 얼마 전 해외여행을 갔을 때 그 사실을 되새겼다.

이 글을 쓸 당시 도미니카 공화국에서 그리스도인 리더를 위한 4일 일정의 수련회를 막 마쳤다. 이번 수련회에는 네 시간 동안 홀로 침묵하는 시간이 있었다. 공동체 문화가 강한 그들에게는 조금 과한 일이었다. 하지만 그들은 느긋한 시간을 보내면서 하나님이 자신과 함께 계신다는 것을 더욱 깨달았다. 이는 서로에 대한 사랑에 눈을 뜨는 계기가 되었다. 그들은 공동체를 세우겠다는 노력을 하지 않고도 공동체가 되었다. 이는 단순히 하나님과 느긋하게 교제한 결실이었다. 그들은 공동체를 먼저 구하지 않았다. 그들이 하나님을 찾자 깊은 공동체 의식이 뒤따라왔다. 뜻밖이지만 무척 반가운 결과였다.

사랑은 오래 참는다. 사랑은 서두르지 않는다. 하나님과 사람, 사람과 사람의 관계는 느긋한 시간 속에서 꽃핀다. 한 달에 하루만이라도 하나님과 함께 보내면 그분의 사랑을 깊이 깨닫고 그 사랑에 더욱 의지할 수 있다는 걸 배웠다. 내 인생에 하나님의 사랑이 넘친다는 것을 영혼 깊숙이 깨닫고 나자 비로소 나는 다른 사람을 넉넉하게 사랑할 수 있었다.

또한 아내와 느긋한 시간을 보내면 서로에 대한 관심이 깊어진다는 것도 배웠다. 자신의 역할에만 바빠 순간순간의 재미와 기쁨을 놓치면 서로에 대한 관심이 식는다. 그래서 우리 부부는 이따금 산책을 오래하거나 해변에 앉아있거나 느긋하게 식사를 하거나 재미 삼아 드라이브를 한다. 그 순간만큼은 특별히 해야 할 일이 없다. 우리는 같이 있을 뿐이다. 함께 걷고 음악을 들으며 조금도 서두르지 않는다. 우리는 무언가를 이루지 않는다. 다만 하나님이 주시는 것은 무엇이든지 받아들인다. 눈과 귀와 마음을 열어서 하나님이 그 순간을 위해 준비하신 선한 것을 받아들인다.

고속도로에서 나와라

내게는 하나님의 음성을 듣고 속도를 늦췄던, 평생 잊지 못할 특별한 사건이 있다. 신학대학원 수업을 마치고 사무실로 가던 길이었다. 대학원에 재학하면서 전임목사로 일하던 시절, 온종일 바쁜 하루를 보냈다. 그때나 지금이나 나는 내 몸이 열 개라는 착각에 잘 빠진다.

사무실은 차로 한 시간 정도 떨어져있었다. 그런데 몇 킬로미터를 앞두고 마음속에서 "고속도로에서 나와라"라는 음성이 들렸다. '이게 무슨 소리지? 하나님이 말씀하신 건가요? 저는 교회에 가서 할 일이 많습니다.'

처음에는 순종하고 싶지 않았지만 결국 나는 다음 출구에서 빠져나갔다. 허름하고 버려진 듯한 출구였다. 출구 밑에서 좌회전을 하려는데 앞부분 덮개를 열어놓은 자동차가 눈에 띄었다. 아무도 볼 수 없는 곳에 덩그러니 세워져있었다. 운전자에게 무슨 일이냐고 물었다. 그는 배터리가 방전된 것 같다고 말했다. 내 차 트렁크에 있는 케이블을 꺼내서 그의 엔진을 되살렸다. 그 순간 고맙다고 말한 사람은 그 사람만이 아니었다. 나도 누구보다 고마움을 느꼈다. 느긋하게 속도를 늦춘 덕분에 이웃을 도울 수 있었다. 사무실에 가면 그보다 더 중요한 일이 있었을까?

이런 상황은 드물더라도 우리가 다른 사람에게 관심을 가질 기회는 늘 있다. 하나님은 우리에게 고속도로에서 나오라고 하시는지도 모른다. 속도를 늦추고 찾아보면 눈앞에 좋은 기회가 있을지도 모른다. 인생의 속도를 걷는 속도에 맞추면 바쁠 때는 방해라고 여겼던 것이 실은 사랑의 기회임을 깨닫는다. 통제의 손아귀를 풀고 여유를 가지면 기회가 눈에 띄기 시작한다. 조금 더 정확하게 말하자면 우리는 조급하고 편협한 눈으로 '해야 할' 일을 하기 때문에 하나님이 맡기시는 일을 모르고 지나친다.

효율이라는 우상은 사랑을 보지 못하게 한다

나는 일상과 관계, 일에서 효율을 지나치게 강조하는 성향이 있다. 지나치게 능률에 집중하느라 하나님을 온전히 사랑하고 이웃을 아낌없이 사랑하라는 중요한 계명에 순종하지 못할 때가 빈번하다. 그럴 때면 제럴드 메이의 말을 떠올린다.

"효율을 높이는 데 몰두하는 바람에 '사랑은 사치다, 사랑은 효율적인 작동을 방해한다'고 말하는 사람들이 있다. 그런 사람들은 몹시 냉정하지만 매우 효율적인 불길한 사람이 될 공산이 크다."[5]

냉정하고 효율적인 사람이 되고 싶은 마음은 추호도 없다. "와, 저 사람은 다른 사람한테는 관심 없고 자기 일만 하는데 일솜씨 하나는 최고야!" 그런 말은 듣고 싶지 않다. 인간관계란 때로 엉망이 될 수도 있고 비능률적일 수도 있다. 하지만 복음의 핵심은 역시 사랑의 관계다. 비효율적이란 말을 들어도 사랑은 기꺼이 시간을 낭비한다.

이를테면 나는 시간관념이 철저하다. 회의나 약속 자리에는 늘 제시간에 또는 일찍 도착한다. 아주 오래전부터 자리 잡힌, 효율적인 태도다. 이에 반해 아내는 훨씬 느긋하다. 먼저 준비를 마치고 기다릴 때면 집회 시간에 늦었는데도 꾸물대는 아내가 미웠던 적이 한두 번이 아니다. 평생을 함께할 아내를 사랑하는 것보다, 내가 인도하는 것도 아니고 참석만 하는 집회에 늦지 않는 것에 늘 더 관심이 많다. '나는 옳고 아내는 틀렸어.' 이런 태도가 사랑이겠는가? 여전히 나는 내 안에서 똑딱거리는 시계에 정신을 빼앗겨 사람들을 진실하고 깊게 사랑하지 못한다.

제2차 세계대전 당시 사랑보다 효율을 앞세웠던 나치군의 이야기는 정말 상상을 초월한다. 그들은 가스실의 성능을 개선하여 학살 속도를 높였다는 데 대단한 자부심을 느꼈다. 사람을 죽이면서도 자신이 '아끼는' 일을 '잘하는' 게 중요하다고 합리화했다. 이에 비하면 작은 일이겠지만, 여전히 우리는 서두르는 통에 다른 사람을 이롭게 하기보다 해롭게 하지 않는가?[6]

효율에 집착할 때면 사랑을 목표에 이르지 못하게 하는 방해물로 여긴다. 일은 무척 능률적으로 처리하면서 같이 일하는 사람들에게는 매우 차가운 사람이 얼마나 많은가? 사랑은 오래 참는다는데 일상생활이 그렇지 못하다면 내게 근본적인 문제가 있는 게 아닐까? 참을성도 인정도 없이 어떻게 심도 있는 신앙생활이 가능하겠는가? 지상 명령에 순종하는 것이 가장 비효율적으로 보일 때조차 우리는 반드시 순종의 중요성을 마음으로 깨우쳐야 한다. 때로 사역자는 바쁘게 사역하느라 오히려 진정한 사역의 기회를 놓친다. 앞서 물었듯이, 자신이 하는 일이 하나님의 일이라는 조급하고 편협한 시야 때문에 하나님이 우리에게 맡기신 일을 보지 못하고 지나쳐버리는 것은 아닌가?

메이는 이렇게 말한다. "우리가 점점 더 사랑하면 효율이라는 일반적인 기준은 참패할 것이다. … 내가 더욱 사랑하고 싶다면 일의 효율을 조금 낮춰야 할 때가 있다."[7] 더욱 사랑하기 위해 내가 가진 생산성의 기준을 낮춰야 한다면 어떻게 할 것인가? 선뜻 그렇게 하겠는가? 내 정체성의 기반이 탁월한 일솜씨나 높은 생산력에 있다면, 느긋하게 사랑하는 생활에 막대한 지장을 초래하지 않겠는가?

여기서 말하는 조급함이 고질적이고 강박적으로 변하면 본격적인 조급증을 앓게 된다. 폴 젠슨은 《파격 영성》(*Subversive Spirituality*)에서 시간 병리학의 세 종류와 결과에 대해 설명한다.

- '시간 압박'은 일을 완수할 시간이 부족하다는 느낌이다.
- '시간 재촉'은 시간 압박을 자주 받아 서두르지 않으면 안 되겠다든지 일하는 속도를 높여야겠다는 느낌을 받을 때 일어난다.
- '조급증'은 시간 재촉이 만성적으로 심해지고 사람의 성격과 생활에 영향을 줄 때 발생한다.[8]

젠슨은 이 같은 시간 병리학이 인간관계에 악영향을 미친다는 점을 지적한다. "건강한 관계를 형성하고 유지하는 데는 시간이 걸린다. 시간 압박은 관계의 질을 저하하고 분열과 고립을 일으킨다."⁹ 조급하면 내 옆에 있는 사람에게조차 관심을 가질 틈이 없다는 잘못된 위기감을 느낀다. 하나님의 사랑이 마음에 넘쳐서 다른 사람들을 사랑하는 사람이 되지 못하고, 되레 그들을 내가 지향하는 불분명한 선의 걸림돌로 여긴다. 내 이웃은 방해물인가 좋은 기회인가?

이웃 사랑이 좋은 기회라면 느리게 걷는 법을 배우는 것이 좋다. 우리는 격주로 다른 부부를 만나서 느긋하게 저녁도 먹고 대화도 나눈다. 우리는 시간을 다투어 해야 할 일이 없다. 우리는 그리스도인이 마땅히 해야 할 일을 성취하려고 애쓰지 않는다. 저녁을 즐기고 각자의 기쁨과 고충을 나누고 하나님 앞에 같이 머무른다. 하나님의 영이 인도하시는 것은 무엇이든 따른다. 결국 저녁 전에 준비한 계획이 성사되지 않더라도 유익한 시간을 보낸다.

집에서 이 책의 초고를 쓰면서 창밖으로 줄지어 날아가는 갈매기들을 바라보고 있다. 그들은 다음 일정을 위해 정신없이 서두르는 것 같지 않다. 마치 산들바람 속에서 노는 것처럼 미끄러지듯이 날아간다. 태평스럽고 느긋해 보인다. 과연 나도 조금 더 재미있게 살면서 조금 더 많은 사랑을 받고 있다는 놀라운 사실을 발견할 수 있을까? 내 삶은 기분 좋은 산들바람이 아니라 허리케인이 몰아치는 것만 같다. 예수님은 나를 혼잡한 인생으로 초대하시는 것일까? 그분은 내 걱정이 파멸로 끝나길 바라는 것일까? 하나님의 일로 정신없이 바쁜 것은 하나님의 뜻일까?

날마다 조금 더 느긋하게 살면 하나님이 주신 사랑의 기회, 지금 내가 바쁘게 지나친 기회를 발견할 수 있을지도 모른다. 말 한마디를 건네고 관심의 몸짓을 나눌 순간은 아주 잠깐인데도 우리는 중요한 일들로 빼곡한 일정에 집중하느라 그 기회를 놓치며 산다.

사랑은 오래 참는다. 나는 오래 참는가? 사랑은 친절하다. 나는 어떤가?

1 "내가 무엇을 하여야 영생을 얻으리이까?"라는 율법교사의 질문에 예수님은 어떻게 대답하셨는가(눅 10:25-27)? 가장 큰 계명에 대해 예수님과 이야기를 나누어보자. 그분은 당신이 그 계명을 어떻게 누리고 따르기를 바라시는가?

2 선한 사마리아인의 이야기에서 가장 공감하는 인물이 누구인가? 예수님? 제사장이나 레위인? 반죽음이 된 남자? 사마리아인? 그 인물의 눈으로 이야기를 상상해보자. 새롭게 보이는 것이 있는가? 인상적인 점은 무엇인가? 하나님은 이야기의 어느 지점에서 당신을 만나고 싶어 하시는가? 이유를 설명해보자.

3 예수님은 율법교사에게 무척 간단하게 조언하셨다. "가서 너도 이와 같이 하라"(눅 10:37). 지금 상황에서 예수님 말씀에 순종하려면 어떻게 해야 하는가? 당신의 관심을 끄는 사람은 누구인가? 그 사람을 어떻게 도울 수 있겠는가?

4 율법교사는 예수님께 '이웃'을 알려달라고 청했다(눅 10:29). 그는 논쟁을 원했을 것이다. 예수님은 어떻게 대답하셨는가? 예수님의 대답에서 어떤 감동과 교훈, 도움을 받았는가?

5 누가 선한 이웃이었느냐는 예수님의 질문에 대한 율법교사의 대답(눅 10:37)에서 가장 중요한 단어는 무엇인가? 그 단어는 현재 당신의 인생과 관계, 사역에 어떤 의미를 가지는가?

6장   느긋해야
       기도한다

자명종이 울린다. 새벽 4시 45분. 보통 때라면 깨지 않는 시간이다. 긴 하루를 시작하기 전에 운동을 하거나 로스앤젤레스 도로가 복잡해지기 전에 멀리 가야 할 때라면 모를까. 하지만 오늘 나는 예수님을 본받는 연습을 하고 있다. 마가복음에는 "새벽 아직도 밝기 전에 예수께서 일어나 나가 한적한 곳으로 가사 거기서 기도하시더니"(막 1:35)라는 구절이 있다. 어둑새벽에 기상. 기도 장소로 정해둔 근처 한적한 곳 도착.

산기슭에 차를 주차하고 언덕 정상까지 오른다. 아직 산세의 윤곽이 희미한 샌타애나 산이 있는 동쪽을 향해 해변의자를 놓고 앉는다. 새들백 산이 눈앞에서 흐릿하다. 공기는 그리 차지 않고 시원하다. 가벼운 스웨트셔츠 한 장으로 견딜 만하다. 숲 속에서 새소리와 벌레들이 내는 소리가 들린다. 이따금 가까운 나무에서 부엉이가 운다. 코요테가 나타날까 봐 조금 긴장된다. 아직

이른 아침인데도 고속도로로 출근하는 사람들의 차 소리가 들린다. 그들도 제가끔 이유가 있어 일찍 일어났을 것이다.

나는 일출을 좋아하기 때문에 새벽 기도를 계획할 때부터 동쪽을 향해 기도하고 싶었다. 하지만 오늘 아침에는 구름이 잔뜩 끼어 일출 광경을 못 볼 것 같다. 어둠 속에서 아이패드를 꺼내 성경앱을 열고 생각과 느낌을 기록한다. 이런 장치를 쓴다고 예수님보다 더 유리한 건 아니다.

마가복음 1장을 펼쳐 예수님이 일찍 일어나 기도하신 내용을 다시 읽는다. 어제는 여러 가지 사역으로 바빴던 안식일이었다. 그분은 가버나움 회당에서 놀라운 권위로 설교하셨다. 그날 시몬과 안드레 집에 거하시면서 밤이 늦도록 시몬의 장모를 비롯해 여러 환자의 병을 고치고 귀신 들린 사람들을 구해내셨다. 누구라도 녹초가 되었을 것이다. 나라면 이튿날 아침까지 잤을 것 같다. 하지만 예수님은 다르셨다. 아버지를 만나는 일이 무척 중요했으므로 아무에게도 방해받지 않는 어둑새벽에 눈을 뜨셨다. 새벽 기도는 좋은 생각이었다. 해가 뜨면 제자들이 허겁지겁 달려와, 치유와 구원을 기다리는 사람이 잔뜩 모여있다는 다급한 소식을 전할 게 뻔했으니까. 갈릴리 마을에서 예수님이 거듭 하신 일은 설교와 치유, 구원이었다. 분명 새벽 기도도 꾸준히 하셨을 것이다.

나는 예수님처럼 역동적으로 살고 싶다. 하지만 그분이 사역하신 것처럼 하나님 나라의 진리를 선포하고 사랑을 베풀고 권능을 보여주는 것이 예수님을 따르는 삶의 전부가 아니라면 어떻게 할 텐가? 예수님을 따르려면 그분처럼 아버지와 친밀하게 교제하며 살아야 한다면 어떻게 할 텐가? 나 역시 예수님처럼 한적한 곳에서 성부의 임재를 자주 누리고 싶다.

예수님의 제자인 우리들이 온전히 아버지께 집중하기 위해 그분처럼 한적한 곳을 자주 찾는다면 어떻게 될까? 우리는 느긋하게 생활하고 일하신 예수님처럼 살 수 있을까? 우리는 예수님이 권하시는 인생을 살 수 있을까? 이를테면 그분은 "나와 함께 걷고 나와 함께 일하여라. 내가 어떻게 하는지 잘 보아라. 자연스런 은혜의 리듬을 배워라. 나는 너희에게 무겁거나 맞지 않는 짐을 지우지 않는다. 나와 함께 있으면 자유롭고 가볍게 사는 법을 배울 것이다"(마 11:29-30, 메시지)라고 말씀하셨다. 어떻게 하면 그렇게 살 수 있을까?

다음은 한때 C.S.루이스(C.S.Lewis)의 영성을 지도했던 W.F. 애덤스(W.F. Adams)가 했던 말이다.

우리는 [예수]께 바싹 붙어서 따라가야만 완전함으로 나아갈 수 있다. 우리는 그분이 한없는 고난에 대처하시는 모습을 보면서 우리의 고난에 대처하는 지혜를 얻는다. 하지만 예수님과 동행한다는 것은 천천히 느긋하게 걷는다는 뜻이다. 성급한 사람은 기도하지 않고 일을 방해하고 망칠 뿐이다. 성급함은 일을 그르친다.[1]

5장에서 우리는 인생의 속도를 늦출수록 주변 사람들을 더 사랑할 수 있다는 것을 알았다. 이번 장에서는 그런 여유를 가질수록 느긋한 대화의 기도로 성부를 더 온전히 사랑할 수 있다는 사실을 알아보자.

새벽 기도에
사역의 비밀이 있다

나는 하나님과 깊이 사귀고 싶다. 사실 자신이 알든 모르든 사람들은 모두 하나님과 친밀하게 사귀고 싶은 간절한 소망을 가지고 있다. 마가복음 1장 35절에서 예수님은 하나님 아버지를 만나겠다는 강한 뜻이 있었다. 하지만 제자들은 스승의 우선순위에 어두웠고 군중의 긴급한 요구와 기대에 부응하려고 되레 스승을 방해했다.

가끔 어둑새벽에 잠이 깨는 경우가 있다. 때로 마감일을 맞춰 일을 마치지 못하리라는 걱정으로, 때로 무슨 일이든 더 많은 성과와 진전, 성취를 이루기 위한 불분명한 동기로 잠이 깬다. 나는 누구보다 먼저 일어나 벌레를 잡는 새와 같다는 아침형 인간이다. 하지만 예수님은 하나님 아버지께, 또 '아버지'의 일에 집중하기 위해 일찍 일어나셨다. 예수님은 그런 열망으로 새벽을 깨웠다. 한편 제자들은 군중의 기대에 좌우되었다. 제자들은 군중의 긴급한 요청 때문에 하나님 아버지의 조용한 초대를 듣지 못했다.

누가는 "날이 밝으매 예수께서 나오사 한적한 곳에 가시니"라고 말한다(눅 4:42). 예수님은 홀로 아버지께 기도하는 것으로 하루를 시작하는 습관이 있었던 듯하다. 나는 오랫동안 예수님의 제자로 자처했는데 왜 그런 습관을 기르지 못했을까? 자책이나 수치로가 아니라 슬픔과 열망으로 하는 말이다. 나는 그분을 본받아 도덕적으로 살고, 그분처럼 가르치고 사랑하면 충분하리라고 막연하게 생각하며 예수님을 따랐다. 그분이 첫 제자들에게 '아바'라고 부르라고 가르치셨던 하나님 아버지를 실제로 모시고 살겠다는 생각은 거의 못했다.

누가는 이어서 예수님이 "[자주] 물러가사 한적한 곳에서 기도하시니라"라고 말한다(눅 5:16). 사역의 책임과 기회가 많아서 바빴을 텐데도 예수님은 아버지와 단둘이 있기 위해 규칙적으로 외부 활동을 삼가셨다. 누가는 '자주'라는 표현을 쓴다. 그는 예수님의 새벽 기도를 설명하면서 '한 번', '이따금', '집회가 있을 때'와 같은 수식어를 붙이지 않았다. 예수님은 지상에 계실 때 날마다 규칙적으로 꾸준하게 기도하셨다. 그분은 사역 '활동'으로 가장 바빴던 공생애 동안조차 경건한 '이탈'을 규칙적으로 실천하셨다. 예수님은 사람들이 없는 조용한 곳을 자주 찾아가 아버지께 집중하셨다. 예수님은 아버지와 보내는 시간이 필요했고 그 시간을 원하셨다. 우리도 예수님과 똑같은 습관을 기른다면 얼마나 생활에 활력이 넘칠까?

예수님에 대해 기록했던 누가가 나에 대해서도 기록한다면 어떤 문장을 쓸까? 오랫동안 내 생활을 관찰했다면 "앨런은 한적한 곳을 찾아가 기도하는 모습을 좀처럼 찾아보기 어렵다"라고 썼을 것이다. 당신은 어떤가? 당신의 기도 생활도 '드물게'나 '필요시' 또는 '이따금'이라는 수식어가 필요한가? 다행히 변할 수 있다. 변할 수 있다는 사실이 당신을 자극하고 당신에게 의욕을 줄 것이다. 예수님은 규칙적인 묵상 시간을 통해 아버지를 사랑하고 그분의 사랑을 누리셨다. 가장 큰 계명인 사랑을 실천하셨던 예수님은 '아바'와 친밀하게 사귀며 사셨다. 느긋하게 하나님과 단둘이 시간을 보낸다면 예수님의 그런 모습까지 본받는 것이다. "성령님, 하나님을 느긋하게 기다릴 수 있는 힘을 주소서!"

예수님은 초인적인 생활을 하신 게 아니다. 우리가 충분히 본받을 수 있다. 만약 홀로 기도할 시간도 없이 바쁘다면 너무 바쁜 것이다. 예수님은 하나님 아버지를 깊이 사귄다는 것이 무엇인지 우리에게 몸소 보여주셨다. 그분은 거룩한 생명의 관계에 뿌리를 깊게 내리셨기 때문에 큰 영향력을 발휘했고 인생과 사역의 결실도 풍성하게 거두셨다.

헨리 나우웬은 다음과 같은 통찰력 있는 말을 남겼다.

병든 사람을 치유하고 마귀를 내쫓고 조급한 제자들을 타이르고 마을마다 다니면서 회당에서 설교하는 바쁜 일정 속에서 우리는 다음과 같이 차분한 문장을 발견한다. "어둑새벽에 그분은 일어나 집을 나서 한적한 곳을 찾아 기도하셨다." 나는 활동으로 소란한 문장들 사이에서 침묵하듯 갇혀있는 이 문장을 읽을수록 어둑새벽에 기도하신 그 한적한 곳에 예수님 사역의 비밀이 묻혀있다는 느낌을 더욱 강하게 받는다. … 한적한 곳에서 예수님은 자신의 뜻을 꺾고 하나님의 뜻을 좇을 용기를, 자신의 말을 버리고 하나님의 말씀을 전할 용기를, 자신의 일이 아니라 하나님의 일을 할 용기를 얻으신다. 예수님이 성부를 친밀하게 사귀시는 곳도, 그분의 사역이 탄생하는 곳도 모두 한적한 곳이다.[2]

철야 기도에서
하늘의 지혜를 얻다

"무리를 작별하신 후에 기도하러 산으로 가시니라 저물매 배는 바다 가운데 있고 예수께서는 홀로 뭍에 계시다가"(막 6:46-47).

때로 예수님은 기도로 하루를 마치셨다. 한번은 군중을 가르치고 음식을 대접하는 기적을 베푸는 긴 하루를 보내신 뒤, 제자들을 남겨두고 산으로 가셨다. 예수님은 산속에서 무엇을 하셨을까? 그분은 아버지와 단둘이 계셨다. 예수님은 잠이라는 몸의 안식보다 하나님 아버지를 만나는 영혼의 안식이 더 필요하다는 것을 아셨다. 우리도 알고 있는가?

저녁을 어떻게 보내고 있는가? 밤늦게까지 하는 일은 무엇인가? 때로 나는 넋을 놓고 시시한 TV 방송을 시청하면서 시간을 허비한다. 비디오게임에 빠져들 때도 있다. 굳이 먹을 필요가 없는 과자를 먹기도 한다. 낮에 마치지 못한 일을 하기도 한다. 능률이 20퍼센트로 떨어졌는데도 말이다.

가족이 잠든 조용하고 방해받지 않는 시간에 나를 사랑하시는 분을 만나 그분 말씀에 귀를 기울이고 그분 얼굴을 즐겁게 바라보는가? 그날 밤 예수님은 베개에 머리를 얹는 것보다 하나님 아버지의 임재 속에서 자신에게 가장 필요한 것을 발견하리라는 것을 틀림없이 아셨을 것이다.

"이때에 예수께서 기도하시러 산으로 가사 밤이 새도록 하나님께 기도하시고 밝으매 그 제자들을 부르사 그중에서 열둘을 택하여 사도라 칭하셨으니"(눅 6:12-13).

누가는 예수님이 제자들을 남겨두고 산으로 들어가 하나님 아버지께 기도하는 느긋한 밤을 보내셨다고 말한다. 그분은 자신을 따르는 수많은 제자들 중에서 열두 사도를 선발하기 전날, 밤새 기도하셨다. 장차 중요한 리더가 될 열두 사도를 뽑는 일이므로 아버지의 관점과 지혜가 필요하셨다. 아버지의 안목과 성령의 능력을 통해 비로소 예수님은 누구를 선택해야 할지 아셨다.

밤새 느긋한 자세로 아버지의 말씀에 귀를 기울이고 자신의 의견을 나누기도 하며 자신을 따르는 제자들을 위해 기도한 끝에 예수님은 아버지의 방점이 누구에게 있는지 아실 수 있었다. 성령은 리더로서 예수님의 결정을 지도하셨다. 이 경우에 예수님이 결정해야 했던 일은 리더 선발이었다. 반면, 나는 리더로서 결정을 내릴 때 기도보다는 첫인상으로 결정한 적이 얼마나 많았던가? 여전히 나는 리더 선발 같은 중요한 결정을 내릴 때 하나님을 부지런히 찾는 법을 배우고 있다. 더 이상 첫인상을 믿지 않는다.

중요한 결정을 내릴 때 당신은 어떻게 하는가? 이를테면 당신이 떠나더라도 일을 맡아서 계속 진행할 사람 열두 명을 선발하여 같이 생활하면서 가르쳐야 한다면, 과연 그들을 어떻게 선발할 것인가? 밤을 꼬박 새우더라도 아버지의 뜻을 구한 후에 선발할 것인가? 아니면 이력서부터 읽고 추천서를 확인하고 면담을 할 것인가? 그렇게 하면 예수님이 선발하셨던 사람들과 똑같은 사람들을 선발할 수 있을까? 나는 자신이 없다.

예수님은 측근 제자들을 선발하실 때 아버지와 느긋하게 교제하고 통념이 아닌 하늘의 지혜에 귀를 기울이셨다. 그런데도 열두 제자에 대한 말들이 많다. 이력은 보잘것없고 사도로서 경력도 전무했다. 하지만 성부의 임재와 성령의 인도로 예수님은 그들의 현재 모습이 아니라 장차 제자로서 갖출 모습을 보셨다.

나는 예수님의 이런 면을 어떻게 본받을 수 있을까? 제자 선발 같은 중요한 결정을 내리기 전에 의도적으로 하나님 앞에 더 오래 머물러야 한다. 예수님이 밤을 새워 기도한 끝에 측근 제자들을 선발하셨다면 내가 철야 기도로 받을 유익은 또 얼마나 크겠는가? 당신과 나를 위해 아버지는 문을 활짝 여신다. 중요한 결정을 내릴 때나 어려운 상황에 처할 때면 우리는 그분을 얼마든지 오래, 깊이 만날 수 있다. 중요한 결정을 즉흥적으로 하지는 않더라도 좁은 시야로 서두르면 예수님과 달리 지혜롭고 선한 결정을 내리지 못한다. 왜 그럴까? 그분처럼 산속으로 들어가지 않아서인지도 모른다. 느긋하게 아버지를 만나면 초점이 뚜렷해지고 시야가 넓어진다. 못 보고 지나칠 것도 하나님 덕분에 볼 수 있다. 따라서 예수님은 아버지를 느긋하게 만나면서 하늘의 지혜와 인도로 의미 있는 결정을 내리실 수 있었다.

예수님은 철야 기도를 어떻게 하셨을까? 아버지 앞에서 혼잣말을 길게 하셨을까? 각 사람의 장단점을 비교하며 입술이 바싹 마르고 녹초가 될 때까지 오랜 주장과 반론을 하셨을까? 아니다. 아버지를 만나기 위해 따로 긴 시간을 마련한 예수님은 아버지와 대화식으로 기도하셨을 것이다. 친밀한 우정의 확실한 표시인 값진 침묵의 순간도 있었을 것이다.

예수님은 기도하기 위해
특별히 노력하셨다

오늘 아침 나는 잿빛과 푸른빛으로 뒤섞여 새들백 산 용마루에 걸쳐있는 가느다란 빛줄기를 바라보며 조용히 기다린다. 얼굴에 부딪히는 가벼운 산들바람이 시원하다. 하나님의 임재를 느낀다. 그런데 조용한 산속에 앉아있는 내 마음은 소음으로 왁자하다. 내 영혼은 익숙한 걱정과 두려움에 흔들린다. 정적 속에서 나는 이 걱정과 두려움이 '결코' 주님이 주신 것이 아님을 깨닫는다. "아버지, 내가 은혜와 평화로 오늘을 살며 아버지가 맡겨주시는 일을 거룩한 힘과 상상력으로 할 수 있게 도와주세요."

제자와 군중의 많은 기대와 요구를 뒤로하고 아버지를 느긋하게 만나셨던 예수님의 높은 결의를 느낀다. 어둑새벽에 집을 나서지 않았다면 예수님은 분명히 눈을 뜨자마자 일을 하셔야 했을 것이다. 그분은 먼저 아버지를 만나고 싶어 하셨다. "너는 내 사랑하는 아들이라 내가 너를 기뻐하노라"(막 1:11)라고 말씀하셨던 분의 음성을 듣길 원하셨다. 하루를 그렇게 시작하고 싶지 않은 사람이 있을까?

예수님의 기도 생활에 대해 몇 가지 궁금한 게 있다. 그분의 기도 방식에서 우리는 어떤 통찰을 얻을 수 있을까? 하나님 아버지를 느긋하게 만나는 것에 대해 그분이 우리에게 보여주시는 것은 무엇일까?

언제? 예수님은 이른 아침이나 밤늦게 따로 하실 일이 없을 때 자주 기도하셨다. 그분은 어둑새벽에도 일어나시고 밤늦게까지도 깨어계셨다. 밤샘도 하셨다. 틀림없이 예수님은 아무에게도 방해받지 않고 하나님을 만나기 위해 각별히 노력하셨을 것이다. 생명을 주는 습관이었지만 그분이라고 유달리 쉽지는 않았을 것이다. 결국 그분도 우리와 똑같은 인간이셨다. 우리처럼 이른 아침이나 늦은 밤에는 피로를 느끼셨을 것이다. 하지만 예수님은 하나님과 단둘이 보내는 시간을 무엇보다 아끼셨다.

얼마나 자주? 한 본문(눅 5:16)에 의하면 예수님은 '자주' 혼자 기도하셨다. 그분의 규칙적인 습관이었다.

어디서? 예수님은 한적한 곳에서 기도하셨다. 하나님을 단둘이 만날 수 있는 장소를 찾으셨다. 머무르시는 집과 마을을 떠나 인적이 드문 곳으로 가셨다. 한 복음서 본문에는 '물러가사'라는 표현을 쓴다. 아버지의 임재를 누리기 위해 예수님이 사람들의 여러 가지 요구로부터 멀찍이 물러가셨다는 뜻이다. 예수님은 산허리 같은 숲 속에서 혼자 기도하는 것을 좋아하신 듯하다. 그분은 제자들에게 하나님 앞에서 홀로 기도하는 것을 독려하기도 하셨다.

누구와 함께? 때로 예수님은 혼자 기도하셨다. 그분은 아무도 없는 곳을 찾으셨다. 그분은 혼자 하나님께 기도하기 위해 제자들을 멀리 보내기도 하셨다. 때로 제자들과도 기도하셨다. 변화산과 겟세마네 같은 매우 중요한 장소에서는 베드로와 야고보, 요한과 함께 기도하셨다.

얼마나 오래? 성경에는 예수님이 얼마나 오래 기도하셨는지 자세히 밝히지 않지만 예수님이 제자 선발을 앞두고 밤새 기도하셨다는 기록이 있다. 공생애를 막 시작하신 예수님은 사십 일 동안 광야에서 많이 기도하셨을 것이다. 예수님이 상당히 오랫동안 기도에 전념하셨음을 말해주는 성경 본문도 있다. 한적한 곳으로 물러나 기도하고 돌아오셨다는 기록은 분명히 그분이 상당히 오래 기도하셨음을 암시한다.

그런데도 나는 예수님이 공생애 삼 년 동안 어떻게 기도하셨는지 눈여겨보지 않았다. 사실 그리스도인이 된 뒤로 예수님의 기도 생활이나 하나님과의 깊은 교제에 대해 들어본 적이 드물다. 예수님에 대해 내가 주로 들었던 설교는 그분의 사역 활동에 관한 것이었다. 예수님의 모든 언행의 바탕이 되는 깊은 내면생활은 자주 무시되었다.

예수님처럼
안식하며 회복하라

예수님이 첫 제자들에게 어떤 뜻을 가지고 계셨는지 조금 더 자세히 살펴보자. 제자들은 군중의 요구에 쩔쩔맸던 적이 있다.

"이르시되 너희는 따로 한적한 곳에 가서 잠깐 쉬어라 하시니 이는 오고 가는 사람이 많아 음식 먹을 겨를도 없음이라 이에 배를 타고 따로 한적한 곳에 갈새"(막 6:31-32).

예수님은 사역을 바쁘게 하는 중에 자신이 하시는 것처럼 제자들을 조용하게 쉬면서 하나님과 친교를 나눌 수 있는 곳으로 보내셨다. 예수님은 우리에게도 조용하고 한적한 곳에서 함께 있자고 자주 똑같은 말씀을 하신다. 하나님은 우리에게 사역의 기회를 확실히 주시는 만큼 자신과 함께 안식하면서 회복될 기회도 똑같이 주신다. 우리는 두 가지 초대를 모두 받아들이는가? 안식하라는 주님의 초대를 받아들이지 않을 때 우리는 하나님을 노예 감시인처럼 만들고는 무력한 노예처럼 행동한다. 하지만 우리는 가장 먼저 하나님이 사랑하시는 자녀로서 그분과 이웃을 사랑하라는 부름을 받았다. 이는 강제가 아니라 초대이다.

누가복음을 계속 읽으면 그분이 다시 기도하시는 부분이 등장한다. 이번에는 제자들도 같이 있었다. "예수께서 한 곳에서 기도하시고 마치시매 제자 중 하나가 여짜오되 주여 요한이 자기 제자들에게 기도를 가르친 것과 같이 우리에게도 가르쳐주옵소서"(눅 11:1). 제자들은 그분의 기도 '습관'을 보고 마침내 스승의 기도 생활을 본받고 싶어졌다. 예수님의 기도 생활을 본 이상 외면할 수 없었다. 스승과 성부의 교제를 보고 나니 자신도 그런 교제를 하고 싶은 열망이 생겼다. 제자는 이론적인 부탁이 아니라 개인적인 부탁을 했다. 여기서 매우 중요한 점을 발견한다. 예수님 같은 리더가 되고 싶다면 우리의 기도 생활을 본 사람들이 자극을 받아 도움과 지도를 구할 정도가 되어야 한다는 뜻이다.

사역에 바빠
예수를 지나칠 때

그들이 길 갈 때에 예수께서 한 마을에 들어가시매 마르다라 이름하는 한 여자가 자기 집으로 영접하더라 그에게 마리아라 하는 동생이 있어 주의 발치에 앉아 그의 말씀을 듣더니 마르다는 준비하는 일이 많아

마음이 분주한지라 예수께 나아가 이르되 주여 내 동생이 나 혼자 일하게 두는 것을 생각하지 아니하시나이까 그를 명하사 나를 도와주라 하소서 주께서 대답하여 이르시되 마르다야 마르다야 네가 많은 일로 염려하고 근심하나 몇 가지만 하든지 혹은 한 가지만이라도 족하니라 마리아는 이 좋은 편을 택하였으니 빼앗기지 아니하리라 하시니라(눅 10:38-42).

예수님은 친구 마리아와 마르다, 나사로 남매의 집을 찾으셨다. 예수님은 정신없이 바쁜 마르다를 보시고 느긋하게 같이 있자고 권하셨다. E. 글렌 힌슨(E. Glenn Hinson)의 통찰력 있는 말을 들어보자.

예수님은 마르다가 하는 일, 곧 그녀의 사역을 책망하지 않으셨다. 다만 현재를 최대한으로 이용하기 위해 분주하게 일하는 모습을 지적하셨다. 본문에 의하면 마리아는 "주의 발치에 앉아" 그분 말씀에 귀를 기울였다. 하지만 마르다는 여러 가지 사역(디아코니아, 즉 봉사)에 바빴다. 마르다가 마리아를 보고 느꼈을 화를 쉽게 이해하고 공감할 수 있을 것이다. "주님, 내 동생이 나 혼자 일하게 두는 것을 아무렇지 않게 생각하십니까? 가서 거들어주라고 내 동생에게 말씀해주십시오"(눅 10:40, 새번역). 나는 열심히 일하는데 가만히 앉아있는 사람이 있다면 분명 이런 기분이 들 것이다.[3]

당황한 마르다가 예수님께 드리는 말씀에서 그녀의 조급한 마

음이 그대로 드러났다. 마르다는 그분'에게서' 좋은 말씀을 듣기
전에 그분을 '위해서' 좋은 일부터 하고 싶었다.

그들은 변함없이 좋았을까?

예수님의 첫 제자들은 스승의 승천 후에도 계속 기도를 사역의
우선순위로 삼았을까? 사도행전 6장에서 답을 찾을 수 있다.

> 열두 사도가 모든 제자를 불러 이르되 우리가 하나님의 말씀을 제처놓
> 고 접대를 일삼는 것이 마땅하지 아니하니 형제들아 너희 가운데서 성
> 령과 지혜가 충만하여 칭찬받는 사람 일곱을 택하라 우리가 이 일을 그
> 들에게 맡기고 우리는 오로지 기도하는 일과 말씀 사역에 힘쓰리라 하
> 니(행 6:2-4).

열두 사도의 말을 들으면서 그들이 예수님께 배운 하나님 백
성의 영적 리더십에 대해 생각한다. 예수님은 자신의 핵심 리더
들이 관심과 활동을 어디에 집중하기를 바라셨을까? 중대하고
실제적인 필요 앞에서 어땠는가? 이 경우, 제자들은 미망인들을
보살피는 일에 시간을 많이 쓰는데도 그들의 필요를 충족하기에
는 역부족이었다. 미망인들은 당장 먹을 것이 없어 굶주렸다. 도
움을 받는 사람도 있고 받지 못하는 사람도 생겼다. 그들은 불쌍
한 미망인들의 불평등을 해결해야 했다.
제자들의 두 가지 대응이 매우 인상적이다. 첫째, 그들은 실제

적인 필요를 해결할 경건하고 지혜로운 리더들을 선출해달라고 위원회에 부탁했다. 둘째, 그들은 "기도하는 일과 말씀 사역"에 계속 전념했다.

과연 나는 리더로서 '봉사'하는 데는 시간을 얼마나 쓰고, 기도하고 성경 읽는 데는 얼마나 쓰는가? 사람들은 언제나 도움이 필요하고 하나님의 백성은 마땅히 그들을 도와야 한다. 도움이 필요한 사람을 못 본 체하면서 하나님을 사랑한다거나 그분의 길을 따른다고 말할 수 없다. 아울러 하나님을 알아가고 그분을 알리는 데 전념할 핵심 리더들이 해야 할 중요한 일이 있다. 반드시 기도로 경청하는 심성을 부단히 길러야 한다는 것이다. 특별한 때, 특별한 장소에서 주님이 자기 백성에게 무슨 말씀을 하시는지 알아야 한다. 그분을 대신해 그리스도의 몸 전체에 말할 준비를 갖춰야 한다. 떡으로만, 다시 말해 먹을 것을 생산하고 마련하는 일만 해서 살 수 있는 사람은 아무도 없다. 우리에게는 언제든 생명의 양식을 전하는 교회 리더들이 있어야 한다.

쉬운 일은 아니다. 여러 가지 급한 일 때문에, 하나님의 백성을 위해 뜻있는 기도를 오래 하고 성경을 깊이 묵상하고 하나님의 백성을 심도 있게 가르치지 못한다는 것을 나 스스로 잘 알고 있다. 그래서 아버지께 사도행전 6장의 가르침대로 '봉사'의 책임 일부를 경건한 성도들에게 맡기는 용기를 구한다.

이를 어떻게 적용할 수 있을지 참고할 만한 한 가지 예를 들어 보겠다. 몇 해 전, 나는 '여로' 훈련에 참석한 한 작은 교회 목사를 만났다. 여기서는 그를 짐(Jim)이라 부르자. 목회 사역으로 녹초가 된 짐은 사역을 그만두고 대학 교수로 이식을 고민했다. 명문대 신약학 박사 학위가 있었으므로 어렵지 않게 길을 찾을 터였다. 짐이 목사로서 한 주간 무슨 일을 하는지 듣는 것만으로도 나는 마음이 답답했다. 그는 당회, 청소년 모임, 성인 성경 공부, 여전도회 모임, 친목회 등등 교회의 모든 회의에 빠짐없이 참석해야 했다. 그의 생활은 끝없는 회의와 모임의 연속이었다. 그의 일과에는 공부, 기도, 휴식 같은 것이 전혀 없었다.

처음 참석한 수련회에서 예수님의 기도 생활과 사역에 대한 통찰을 얻은 짐은 목요일 아침마다 사무실에서 하나님과 단둘이 지내리라 다짐했다. 그 시간에, 몇 주 동안 설교할 성경 본문을 묵상하고 기도하기로 결정했다. 성도들에게 이러한 뜻을 알리고 목요일 오전에는 전화도 방문도 삼갈 것을 부탁했다. 또한 급한 일이 생긴 성도들이 연락할 수 있는 교역자의 이름과 전화번호를 공지했다.

'여로' 수련회를 다시 찾은 짐은 자신감과 활력이 넘쳤다. 목요일 아침이 구원의 시간이라고 말을 했다. 아무에게도 방해받지 않고 아버지를 만나는 동안 그의 영혼은 기운을 얻고 풍요로워졌다. 예상치 못했던 결실도 있었다. 성도들의 말에 따르면, 설교가 몰라보게 달라졌다. 짐은 하나님을 만나는 시간을 다른 일에도 계속 적용했다. 사역에 충실하면서도 하나님 곁을 지키고 싶었다. 또다시 성도들은 그의 생활에서 자라는 열매와 새로운 목회 방식을 칭찬했다. 성도들은 그의 변화를 반겼다. 이러한 생활의 변화는 분명 나와 당신에게도 필요하다. 주님이 도우실 것이다.

기도,
리더의 우선순위

기독교 리더로서 돈을 받고 일하는 사람도 있고 스스로 시간을 내어 봉사하는 사람도 있다. 나는 리더로서 예수님의 사역과 기도 생활을 늘 떠올린다. 나는 어디에 끌리는가? 무엇에 저항하는가? 이를테면 대체로 기도를 리더의 중요한 활동으로, 특별히 내 책임으로 여기고 있는가? 혹시 기도를 다른 사람들이 나를 위해, 또 내 사역을 위해 하는 일로 여기지는 않는가? 나는 리더이고 그들은 '기도하는 사람'이라는 식으로 생각하는 건 아닌가?

성경을 펼치면 그게 사실이 아님을 알 수 있다. 하나님이 세우신 리더들은 모두 '기도하는 사람'이었다. 바울은 기도하지 않았나? 예수님은 기도하지 않으셨나? 하나님이 자신에게 맡기신 사람들을 위한 사랑의 기도야말로 리더가 할 수 있는 가장 유익한 활동이다.

나는 돈을 받고 일하는 리더로서 기도가 근무에 해당하는 일인지, 아니면 '개인 시간'에만 해야 옳은 것인지를 놓고 고민한다. 사무실은 서류를 검토하고 설교를 준비하고 조직을 운영하고 행사 계획을 세우고 손님을 맞이하고 전화 통화를 하고 일을 처리하는 등의 중요한 일을 하는 곳일까? 근무 시간에 초대 교회 리더들처럼 함께 말씀을 나누고 기도하고 교제하는 것(행 1-2장)이 가능할까? 기도하듯 모든 일을 처리하고 모든 회의를 인도할 수 있을까? 바울의 말대로 가장 먼저는 그리스도 안에서 형제로서, 그다음에는 일과 사역을 같이 하는 동료로서 살고 있는가(골

4:7-11)? 과연 이 같은 성경의 우선순위에 따라 함께 시간을 보내고 있는가?

《프랭크 루박의 편지》(*Letters by a Modern Mystic*, 생명의말씀사)로 유명한 필리핀 선교사 프랭크 루박(Frank Laubach)은 선교지에 처음 도착한 후 하나님의 임재를 구하기 시작했다. 처음 몇 달 동안 루박은 자신을 일컬어 "낯선 땅의 외로운 남자"라고 말했다. 한가했던 그는 하나님의 임재와 일을 찾는 데 집중할 시간이 무척 많았다. 얼마 후 사역이 바빠지자 루박은 깨어있을 때는 언제나 사람들과 함께였다. 그런 상황에서 다음과 같은 글을 썼다.

> 새로운 상황에 떠밀려 하나님을 놓칠 것인지, 모든 상황에서 하나님을 붙잡을 것인지 선택해야 한다. 사람들의 눈을 보면서, 그들에게 귀를 기울이면서 마음과 마음으로 하나님과 나누는 침묵의 대화를 이어가는 법을 배우지 않으면 안 된다. 이것은 지금까지 했던 일보다 훨씬 더 어려운 일이 될 것이다. 하지만 이런 시도가 바쁜 사람에게 조금이라도 유익하다면 사람들의 압박이 심한 이런 상황에서도 틀림없이 효과가 있을 것이다.[4]

프랭크 루박이 설명하는 것은 우리가 매 순간 하나님과 친교하기 위해 힘쓰는 현실이다. 우리 가운데 은둔 수도사는 그리 많지 않다. 대다수는 요구와 기대로 소란한 세상에서 살고 있다. 사무실에서, 교역자 회의에서, 이웃집 파티에서, 어디서든 하나님을 모시는 시간을 만들 수 있다. 우리는 분주한 세상에서 느긋하게 하나님과 동행하고 동역하라는 부름을 받았다. 기도로 이번 장을 마치고자 한다.

"예수님, 저도 예수님이 지상에서 하셨듯이, 또 지금도 하고 계시듯이 하나님 아버지와 사랑의 친교를 나누면서 살고 싶습니다. 스스로 정한 하나님의 일에 빠져 '너를 사랑한다' '너를 보낸다'라고 말씀하시는 분의 음성을 놓치기 십상인 저에게 느긋한 마음을 허락해주세요. 예수님의 이름으로 기도합니다. 아멘."

느긋함을
회복하는 시간 🌱
....

1 내 인생과 내 믿음의 공동체 안에서 하나님을 더 깊이 알 수 있도록 하나님이
내 안에서 하고 계시는 일은 무엇인가?

2 주위 사람들의 여러 가지 필요와 기대에 마음을 쓰는 통에 기도하고 성경 읽는
시간이 부족했던 적은 없는가?

3 '기도'라는 말을 들으면 하나님의 임재를 느끼며 기뻐하는가, 오히려 기도에 충
실하지 못한 탓에 죄책감을 느끼는가? 기도란 당신을 한없이 사랑하고 기뻐하시는
분을 만나는 일이다. 그런 기도를 어떻게 할 수 있을까?

7장 안식,
창조의 흐름을 따르라

나는 마음 편히 안식할 줄 모른다. 몸은 쉬어도 마음은 쉬지 못할 때가 많다. 그럴 때면 사막의 오아시스 같은 히브리서 4장을 펼친다.

"그런즉 안식할 때가 하나님의 백성에게 남아있도다 이미 그의 안식에 들어간 자는 하나님이 자기의 일을 쉬심과 같이 그도 자기의 일을 쉬느니라 그러므로 우리가 저 안식에 들어가기를 힘쓸지니 이는 누구든지 저 순종하지 아니하는 본에 빠지지 않게 하려 함이라"(히 4:9-11).

한 번 더 읽어보자. 들리는가? 믿는가? 나는 어떨까? 하나님이 주시는 "안식할 때"가 있음을 정말 믿는가? 그렇다면 도대체 안식할 때란 언제일까?

하나님은 안식의 가치를 아신다. 그분은 자신도 안식하셨고, 사람도 7일마다 정기적으로 안식해야 하는 존재로 만드셨다. 그런데도 오늘날 안식의 선물을 받지 못했거나 안식의 흐름을 따르지 않는 그리스도인이 많다. 하나님은 그리스도인들에게 주실 안식의 선물을 넉넉하게 가지고 계신다. 강박과 불안, 일중독의 버릇을 고치지 않으면 안식의 선물을 받을 수 없다. 우리는 천지창조 후 안식하셨던 하나님께 안식하는 법을 배워야 한다.

그런데 지금 당장 '안식에 들어가기'란 불가능하고 죽음 이후에나 가능하다고 여기는 성도들이 있다. 히브리서 본문의 문맥에도 분명히 그런 뜻은 있지만 그렇게만 이해하면 '지금은 일하고 이후에 안식한다'라는 생각이 굳어진다. 심지어 몸이 녹스는 것보다 하나님의 일을 하다가 몸이 망가지는 편이 더 낫다고 말하는 성도들도 있다. 일을 쉬느니 완전히 녹초가 될 때까지 주님을 위해 일하겠다는 뜻이리라. 그 마음은 십분 이해하지만 솔직히 어느 쪽도 선택하고 싶지 않다. 나는 몸에 꼭 맞으면서 수월한 예수님의 멍에를 메고 살고 싶다. 그 멍에는 버겁지도 않고 고단하지도 않다.

안식이란 잊고 지내다가 보충하는 일이 아니라 가장 먼저 해야 하는 일이다. 선행은 안식에서 자란다. 이는 21세기 서구 문화에서는 통하지 않는 생각이다. 우리는 일이 먼저고 휴식은 나중이다. 그런데 《메시지》(Message, 복있는사람)의 역자 유진 피터슨 (Eugene Peterson) 목사는 생각이 다르다.

우리는 히브리인의 저녁/아침의 순서에 따라 은혜의 흐름에 길든다. 우리가 잠들 때 하나님은 일을 시작하신다. 우리가 자는 동안 그분은 언약을 세우신다. 우리는 잠에서 깨어나 하나님의 창조 활동에 뛰어들라는 부름을 받는다. 우리는 믿음으로, 노동으로 응답한다. 하지만 언제나 은혜가 먼저다. 은혜가 가장 중요하다. 우리가 깨어난 세상은 우리가 만들지 않았고 우리가 받은 구원은 우리가 얻어내지 않았다. 저녁이 되면 하나님은 창조적인 하루를 시작하신다. 아침이 되면 우리는 그분이 시작한 일을 누리고 나누고 발전시키라는 분부를 받는다. 창조와 언약은 순전히 은혜고, 은혜는 아침마다 우리를 반긴다.[1]

히브리인은 하루를 일로 시작하지 않고 안식으로 시작했다. 반면 서구에서는 기본적으로 해가 뜨면 노동과 함께 하루가 시작된다. 피터슨의 지적대로 이런 순서가 뚜렷하게 나타난다. 우리는 일을 하다가 지치면 휴식한다. 하지만 최고의 일은 안식에서 '시작된다'면 어떻게 할 것인가? 마지막에 쉬는 게 아니라 처음부터 쉬어야 한다면 어떻게 할 것인가?

휴식, 곧 안식이 가장 중요하다는 것은 천지창조의 기록에도 잘 나타난다. 처음 며칠 동안 하나님은 빛과 어둠, 물과 뭍, 하늘과 땅을 나누어 천지를 창조하셨다. 그분은 해와 달, 별의 창조에 이어 다양한 동식물로 육지와 바다를 채우셨다. 하나님은 여섯째 날이 되어서야 인간을 만드시고 만물을 돌보고 번성하라고 이르셨다.

하지만 인간은 그 일을 시작하기 전에 일곱째 날에 안식일을 지켜야 했다. 아직 땅을 개간하는 등 노동을 했다는 증거가 없다. 그들은 노동이 아니라 안식으로 인생을 시작했다.

20세기의 뛰어난 유대인 신학자이며 유대 신학교 교수였던 아브라함 헤셸(Abraham Heschel)은 이렇게 말한다. "안식일은 생명을 위한 날이다. 사람은 중노동을 하는 짐승이 아니다. 안식일에는 일의 능률을 높이기 위한 목적이 없다. 안식일은 '최후의 창조, 최초의 의도'로 '천지창조의 마무리'다."[2]

히브리서 4장에서 하나님은 "안식에 들어가기를 힘쓸지니"라고 이르신다. 나는 이 말씀이 자꾸 모순처럼 들린다. 안식과 노력은 같이 쓸 수 없는 말 같은데 안식에 들어가기 위해 힘쓰라고 당부하기 때문이다. 그런데 정말로 평안하게 살기란 말처럼 쉬운 일이 아니다. 우리는 불안감을 많이 느낀다. 사람의 가치를 성과로 평가하는 문화에서 살고 있기 때문에 아무것도 하지 않고 쉰다는 것은 스스로 무능한 사람이 되겠다는 것이나 다름없다. 아무것도 생산하지 않고 성취하지 않고 이룩하지 않으면 장차 어떤 사람이 될까?[3]

생산과 활동에 대한 요구는 교회도 세상 못지않다. 나와 함께 일하는 목사와 리더들 중에는 성취욕이 강한 사람이 많다. 우리는 하나님을 '위해' 바쁘게 일할 수 있다. 하지만 그분을 '위해서' 내가 하는 모든 일이 하나님이 맡기신 일이 아니라면 어쩌겠는가? 그분이 의도하신 것보다 봉사의 멍에를 더 무겁게 만들고 있는 것은 아닐까? 그분의 멍에는 쉽고 짐은 가볍다(마 11:29-30). 내가 평안하게 살지도 일하지도 않으면 봉사의 멍에는 더 힘들고 무거워진다.

그분의 안식에
들어가지 못하는 이유

출애굽기 17장 1-7절에 기록된 이스라엘 백성의 나쁜 예는 우리에게 교훈을 준다. 그들은 한동안 광야를 떠돌다가 식수를 구할 수 없는 곳에 이른다. 갈증을 참지 못한 그들은 불평하면서 모세에게 마실 물을 요구한다. 하나님이 무책임하다고 투덜댄다. 그래서 하나님은 모세에게 장로와 백성이 보는 앞에서 바위를 지팡이로 치라고 지시하신다. 모세를 비롯한 이스라엘 백성을 버리지 않겠다고 약속하신 주님은 결국 그들에게 물을 주신다. 하지만 모세는 이스라엘 백성의 행동과 태도 때문에 그곳을 '맛사'(시험하다)와 '므리바'(다투다)라고 부른다.

이스라엘 백성은 하나님을 믿지 못하고 그분을 시험하는 바람에 그분의 안식에 들어가지 못했다. 그들은 하나님을 따르지 않고 도리어 그분과 다투었다. 오늘 당신과 내가 그분의 안식에 들어가지 못하는 이유도 마찬가지다. 하나님이 하시는 일보다 자신이 하는 일을 더 믿는 것은 그분을 시험하는 행위다. 안식과 믿음을 모르고 하나님과 씨름하고 겨루는 것이 곧 하나님과 다투는 것이다.

안식,
창조의 밑감

안식일은 바쁘고 고달픈 인생에 대한 하나님의 해독제이며, 창조의 밑감으로 쓰인 7일의 하루라는 느긋한 흐름으로 우리를 초대하는 부름이다. 안식일은 생활, 가족, 사회, 조식에 만연한 조급함과 일중독, 강박에서 우리가 회복되는 시간이다. 회복을 위해 어쩌면 조용히 묵상하는 시간이 필요할지도 모른다. 일터에서는 서두르는 게 미덕이지만 안식일에 서두르는 건 악덕이다. 안식일이 주는 거룩한 흐름에 맞춰 속도를 늦춰야 하나님과 이웃을 더욱 사랑할 수 있다.

영성 사역자이자 정신과 의사인 제랄드 메이의 말마따나 안식일이란 "넉넉한 형식과 시간, 영혼의 날"이다. "이제 종교적으로 안식일은 자유보다는 구속, 공간보다는 구금처럼 느껴지는 경향이 있다. 일을 하지 않아도 괜찮은 자유라기보다 안식일은 노동을 불허한다는 뜻이 되었다."[4] 역설적이게도 한 세대 전의 전문가들은 당시 꽃피기 시작한 노동 절약 기술 덕분에 장차 유례없는 여가 생활이 가능할 것이라고 예상했다. 그들은 긴 노동 시간이 대폭 단축되거나 자동화 생산이 가능한 미래(우리의 현재)를 점쳤다.

하지만 지금 현실을 보자면 우리는 점점 더 서두르고 여유가 부족한 문화에서 살고 있다. 과연 기술 덕분에 노동 시간이 단축되기도 했다. 그런데 여유가 생겼을지는 몰라도 안식하는 데는 실패했다. 사람들은 참된 만족을 주지 않는 물건을 사려고 업무 외의 시간에도 일한다. 더 쉬기는커녕 더 서둘렀고 계속 서두른다. 우리는 시간보다 돈을 선택한다. 정말 아무도 예상하지 못했던 현대 생활의 문제다.

휴식 대신 끊임없이 바쁘게 일하는 성향과 '그분의 안식에 들어가라'는 이스라엘 백성의 초대에 비추어볼 때, 리더의 가장 큰 고민은 영적 생활을 중심으로 하루의 우선순위를 정확하게 정하는 것이지 싶다. 하지만 사람들은 영적 생활의 상태에 무관심하다. 이런 이야기를 하는 사람이 드물기 때문에 우리는 이런 문제를 대수롭지 않게 여기고 인생의 속도가 얼마나 중요한지 잊어버린다.

UCLA 인류학과 앨런 존슨(Allen Johnson) 명예교수는 다음과 같이 경각심을 높이는 중요한 말을 했다.

생산과 소비의 증가로 우리는 점점 더 시간이 부족하다. 설명하자면 이렇다. 생산 효율 증가란 시간당 개인 생산량을 더 높여야 한다는 뜻이다. 생산성 향상이란… 체제 유지를 위해 더 많은 상품을 소비해야 한다는 뜻이다. 생산도 하지 않고 소비도 하지 않는 시간은 점차 낭비로 여겨진다. 그래서 여가 시간은 소비 시간으로 전환된다. … 시간 가치의 증가(시간 부족)는 박자나 속도의 증가처럼 개인의 주관적인 느낌이다. 우리는 언제나 생산 라인에서는 뒤처질 위험이 있고 직장에서는 지각할 위험이 있다. 휴식을 취할 때는 시간을 낭비할 위험이 있다.[5]

오늘날 우리는 생산이나 소비가 가치를 결정하는 문화에 살고 있다. 매주 생산과 소비를 멈추는 날이 안식일이라면 현대 문화가 '안식일 = 하루를 허비하는 것'으로 보는 이유를 쉽게 이해할 수 있다.

안식에
이르는 길

안식일의 가치를 이해하는 데 핵심은 믿음이다. 히브리서 필자
는 '말씀을 듣고 믿는 자'가 하나님의 안식에 들어간다고 말한다
(히 4:2). 곧 하나님의 안식에 이르는 길은 믿음이다. 하나님이 신
실하시다는 것을 믿어야 일손을 멈출 수 있다. 영혼의 안식을 선
택한 사람은 자신의 일이 아니라 하나님의 일을 믿음으로 안식
의 선물을 누린다. 작가이자 목사인 마크 부캐넌(Marc Buchanan)
은 두 가지의 관련성에 대해 이렇게 말한다. "안식이란 [믿음이
다]. 안식이란 평생 스스로 움켜쥐고 싶은 모든 것, 이를테면 돈,
일, 지위, 평판, 계획, 사업 따위를 하나님께 넘기는 것이다."[6]

우리는 생산성이 아니라 관계와 예배가 척도가 되는 하루, 곧
안식일이라는 선물을 통해, 생명은 받는 것이지 얻어내는 것이
아님을 기억하고 믿는다. 하지만 우리는 모든 것을 스스로 차
지해야 하는 문화에서 살고 있다. 헨리 나우웬은 《영성 수업》
(Spiritual Direction, 두란노)에서 우리의 문화를 자세히 관찰한 후 개
인의 정체성을 이루는 것은 역량, 생산량, 재력, 명예라고 구체적
으로 설명한다.[7] 이런 것이 정체성의 바탕이라면 바쁘게 사는 것
도 당연하다. 의식하든 못하든 이렇게 생각한다. '내가 일을 많이
하면 내 가치가 올라가. 내가 가진 것이 많으면 내 가치가 달라
져. 나를 좋아하고 인정하는 사람이 많으면 나는 중요한 사람이
야.' 이런 생각은 교묘하고 드러나지 않게 내부에서 안식일을 좀
먹는다. 안식일을 지키기 위해 활동을 멈추면 우리의 정체성은

어떻게 될까? 일을 해야 사람대접을 받는다면 아무 일도 하지 않는 안식일에 나는 어떤 존재가 될까?

정체성은 안식으로 여물고 단단해져서 일을 통해 '표출'된다. 이를 알지 못하고 일을 통해 정체성을 '확립'하려고 애쓰는 것은 잘못이다. 순서가 바뀌었다. 우리가 쓰는 말에도 그런 점이 나타난다. 이런 말을 들어보았거나 실제로 사용했을지도 모르겠다. "나는 일만 할 거야"(I'm going to lose myself in my work). 사람들은 이 말의 뜻을 모르고 쓴다! 이 말에는 우리가 예수님과 더불어 안식으로 삶을 회복해야 한다는 뜻도 있다.

개인적으로 안식년 동안 "상담도 하지 않고 교육도 하지 않으면, 목사직을 잃으면, 자랑거리가 없으면 나는 어떤 사람일까?"라는 물음을 붙잡고 씨름했다. 마음의 깊은 불안을 겪으면서 내 믿음의 뿌리가 어디에 있는지 분명하게 알았다. 나는 하나님이 십자가에서 이루신 일보다 내 가치를 높이는 일을 더 신뢰하고 있었다.

나는 안식년에 틸든 에드워즈(Tilden Edwards)의 《안식의 시간》(Sabbath Time)을 읽었다. 그의 통찰은 내 속에서 술렁이는 실망스럽고 종잡을 수 없는 힘든 감정을 이해하는 데 도움을 주었다. 왕성하게 활동하는 작가이자 현명한 영성 사역자인 에드워즈는 다음과 같이 말한다.

안식의 시간을 이해하고 누리면 온전하고 경건한 인생을 살 수 있다. 이는 성취에 대한 강박은 차츰 심해지고 여가는 부족한 문화의 대안이다. 우리는 죽음의 흐름을 따르는 문화에서 벗어나 사역과 안식의 참된 기독교 전통의 흐름을 따를 수 있다. 이것이 본질적으로 기독교 방식을 증언하고 가르치는 생활이다.[8]

에드워즈는 인생의 두 가지 사뭇 다른 흐름을 제시한다. 첫째 는 성취 강박과 짧은 도피가 반복되는 건강하지 못한 순환이고, 둘째는 사역/일과 안식의 건강한 흐름이다.

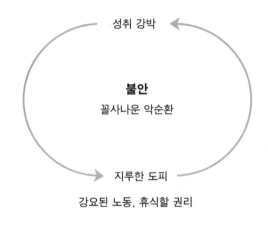

성취 강박

불안
꼴사나운 악순환

지루한 도피

강요된 노동, 휴식할 권리

그림 7.1

우리 문화의 강박과 도피의 악순환은 성경의 노동과 안식의 흐름을 흉내 낸 모조품이다. 이 악순환은 불안을 중심으로 돌아 가고, 우리는 불안에 쫓겨 일하고 또 일한다. 시간이 흐르고 불안 으로 녹초가 된 우리는 결국 어디든 아무것도 하지 않아도 되는 곳으로 도피하고 싶어 한다. 이 악순환이 계속되면 우리는 노동을 다른 사람(심지어 자신)이 강요하는 것으로, 휴식을 자신의 당연한 권리로 여긴다. 노동과 휴식에 대한 이런 관점에서는 은혜를 찾아보기 어렵다.

더욱이 바쁘게 사는 사람은 인생의 의무, 가족의 의무, 직장의 의무 등 끝없는 의무에 매여 산다고 여긴다. 하지만 안식일이면 그리스도인들은 급진적이고 반문화적인 방식으로 이런 '의무'에서 한 걸음 물러나 거룩한 '소망'의 자리로 들어갈 수 있다. 그곳에서 인생과 사역의 바쁜 압박을 풀고 하나님이 주시는 '소망'을 품어 그분의 일을 하고 그분의 뜻대로 살 수 있다. '의무'의 회오리가 멈추면 마음과 정신은 '소망'을 되찾는다. 그제야 우리는 일하는 '이유'를 기억할 수 있다. 그 이유를 알아야 목적이 생기고, 그래서 우리는 규칙적으로 안식하는 것이다.

이 같은 사실은 신명기 5장에 기록되어 있다. 모세가 십계명을 전하는 대목이다. 모세는 백성에게 이집트 노예 시절을 상기시킨다(신 6:12-15). 그들은 안식일을 지킬 자유가 없었던 노예였다. 쉬지 않고 일하는 사람은 스스로 노예처럼 군다. 하나님이 정하신 안식일은 '일손을 쉬어도 괜찮은' 자유의 날이지 노예처럼 '아무것도 할 수 없는' 날이 아니다. 그런데도 우리는 마치 정기적으로 안식할 자유가 없는 사람처럼 행동한다.

경건한 여가로
생기를 되찾으라

자유가 없다는 말을 들으니 평생 사역자로 살기로 결심했던 순간이 떠오른다. 직업이든 봉사든, 사역을 의무적으로 하거나 억지로 하는 사람은 드물다. 대다수는 자신이 알고 고맙게 여기는 하나님의 생명을 전하고 싶은 열망이 깊다.

나는 누가 시켜서 억지로 목사가 되지 않았다. 죄책감이나 수치심 때문도 아니다. 단지 내가 경험한 변화를 다른 사람들에게 전하고 싶었다. 다른 사람들에게 품으신 하나님의 목적을 위해 살고 싶었다. 사역자로서 뛰어난 업적을 남기는 데는 관심이 없었다. 다른 사람들이 그리스도를 깊이 만나고 알아가는 것을 보면 신이 났다. 하지만 때로 증가하는 '책무'와 '의무'에 본래의 열망이 파묻히기도 한다. 사실 교회 사역을 오래 할수록, 해야 할 일이 늘어날수록, 이메일이 잔뜩 쌓일수록 나는 의무감에 더 짓눌렸다. 내 거룩한 열망은 주눅이 들었다. 나는 여유를 찾고 나서야 거룩한 열망을 회복했고 다시 경건하게 행동할 수 있었다. 요컨대 서두르면 하나님이 주신 목적을 잊어버린다.

틸든 에드워즈는 이런 식으로 사는 개인은 "이를테면 수면, 음주, 약물, TV 등 무엇이든 한동안 생산을 마비시키는 일종의 망각 상태에 빠질" 수 있다고 말한다.[9] 솔직히 고백하자면, 나는 마비되고 싶어서 찾는 것들이 있다. 첫째는 훌륭한 교육 프로그램, 손에 땀을 쥐게 하는 드라마, 신나는 스포츠를 볼 수 있는 TV다. 물론 이런 방송은 활력과 재미와 이야깃거리를 제공하기도 한다. 하지만 나는 멍하니 앉아서 리모컨으로 채널을 돌리면서 TV를 시청할 때가 있다. 감동을 받고 배움을 얻고 활력을 느끼기 위해 TV 앞에 앉아 있는 것이 아니다. 솔직히 말해, 마비 상태에 빠지려고 TV를 본다. 주님 안에서 안식하는 것과 완전 다르다. TV를 한두 시간 시청한 뒤에 '우아, 이제야 살 것 같아!' 하고 느껴본 적이 없다. 보통 더 피곤하고 조금은 우울하다.[10]

먹는 것으로 스트레스를 푸는 것 역시 잘못된 휴식 방법이다. 내가 밤 11시에 주방이나 냉장고를 뒤지는 것은 몇 시간 더 열심히 일하기 위해 음식이 필요해서가 아니다. 나는 2교대 근무를 하는 야간 교역자가 아니다! 달콤한 맛이나 아삭한 맛, 짭짤한 맛, 기름진 맛으로 식탐을 달래봤자 내 영혼은 안식하지 못하는데도 나는 결국 주방으로 가고 만다.

그림 7.2는 성경적이고 생명에 생명을 더하는 안식과 사역/노동의 흐름을 보여준다.

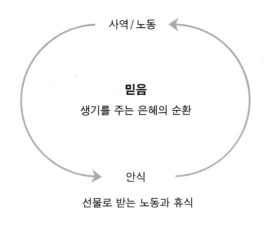

그림 7.2

그림 7.2에서 보듯이 이런 흐름의 중심은 믿음이다. 우리는 믿

음으로 은혜를 받는다. 은혜는 삶의 중심이다. 곧 노동은 의무가 아니라 선물이며 휴식도 권리가 아니라 선물이란 뜻이다. 안식과 노동은 하나님이 주시는 선물이다. 하나님이 사랑하는 사람에게 안식을 '주신다'는 것을 알면, 일을 더 많이 하기 위해 아침에 일찍 일어나고 밤늦게까지 자지 않는 것은 헛수고다(시 127:2). 우리는 하나님이 미리 준비하신 선행을 하도록 그리스도 안에서 창조된 존재다(엡 2:10). 하지만 우리가 풍속을 따라 살면 휴식으로 회복되지 못하고 되레 마비 상태에 빠진다.

나는 안식년에 영성 지도 훈련을 위해 뉴멕시코 주에 있는 페코스 베네딕트회 대수도원에서 한 달을 지내면서 경건한 생활의 흐름을 직접 체험했다. 베네딕트회의 생활과 노동, 기도는 처음이었다. 나는 그곳에서 하루 동안 마쳐야 할 일은 내일까지 미루지 않아도 될 만큼 시간이 넉넉하다는 것을 알았다. 아무도 서두르지 않았다. 베네딕트회의 작가이자 강사인 조앤 치티스터(Joan Chittister) 수녀의 말마따나 "여가란… 베네딕트회 영성의 핵심이다. 이것은 게으름도 이기심도 아니다. 여가는 인생의 깊이, 넓이, 길이, 내실과 관련이 있다"는 것이 한 가지 이유다.[11] 여가에도 경건한 것과 불경건한 것이 있다.

경건한 여가와 불경건한 여가는 어떻게 다를까? 경건한 여가는 생기를 얻고 불경건한 여가는 기운이 소진된다. 하지만 이 두 가지로 모든 활동을 늘 명쾌하게 나눌 수는 없다. 이를테면 나는 아들과 비디오게임을 하면 활력과 재미를 느끼지만 똑같은 비디오게임을 혼자 몇 시간 하고 나면 마음이 공허하고 마비된다. 아내의 손을 잡고 바다가 내려다보이는 길을 걸으면, 반려자와 함께할 수 있다는 사실 그리고 아름다운 자연의 선물에 활기를 느낀다. 하지만 나는 하나님이 준비해두신 선행을 하지 않고 바다로 도망치기도 한다. 여가 활동의 경건함을 결정하는 것은 활동 자체보다 내 마음의 상태에 달려 있다.

앞서 말했듯이 나는 노동과 기도, 성찰과 공부, 은둔과 공동체 등 좋은 일의 균형을 여유롭게 잡을 수 있는 생활의 흐름을 베네딕트회 형제자매들에게 배웠다. 그들을 보면서 나에게 필요하고 좋은 일을 할 수 있는 시간이 부족하다는 잘못된 믿음으로 일하기 때문에 내가 서두른다는 것을 깨달았다. 나는 마치 자신의 멍에는 쉽고 짐은 가볍다는 예수님의 말씀이 잘못된 것처럼 행동한다(마 11:30). 불안하게 서두르지 않고도 하나님이 나에게 맡기신 모든 일을 할 수 있음을 스스로 인정하는 것이 곧 경건한 여가다. 베네딕트회의 수도 규칙은 이런 지혜를 따르는 규칙적인 흐름을 만들어준다. 물론 앞으로 온종일 바쁘게 지낼 나날이 없을 것이라는 뜻은 아니다. 밤낮으로 바쁘게 일할 날도 있겠지만 평생 그렇게 살고 싶지는 않다. 나는 내 인생을 수박 겉핥듯이 살고 싶지 않다.

조앤 치티스터는 이어서 말한다.

여가에는 놀이와 휴식, 두 가지 요소가 있다. 베네딕트회의 수도 규칙에는 놀이에 대한 언급이 없는데, 6세기에는 교회력에 의해 놀이가 일상생활에 녹아있었기 때문이다. 대부분 교회와 기독교 사회에서 시작된 성일과 축세는 사회의 귀족과 평민에게 함께 즐길 수 있는 공간과 시간을 제공했다. 교회 축일에는 평민에게 일을 시킬 수 없었다. 놀이는 교회가 노동자들에게 주는 선물이었다. 노조도 산업화도 없던 시절이었다.[12]

나는 어린 시절에는 노는 게 자연스러웠는데 어른이 된 후로는 놀이를 잊어버렸다. 중년의 나이에 벌써 놀이가 귀찮다. 얼마 전, 저녁에 가족과 거실에 앉아 '캐치프레이즈' 놀이를 했다. 처음에는 하고 싶지 않았다. '나는 중요한 일을 해야 해. 혼자 있고 싶어. 게다가 나는 게임을 못해.'

하지만 하나님이 깨달음을 주시는 순간 나는 내 핑계가 궁색하고 어리석게 느껴졌다. 저녁 시간이었다. 그 시간에 아내와 십대가 된 세 아들과 함께 느긋한 시간을 누리는 것보다 더 중요한 일이 있단 말인가? 동굴 같은 내 방에 더 좋은 일이 있을까? 천만에! 게다가 나라고 왜 가족과 함께 재미있는 시간을 보낼 수 없겠는가? 결국 우리는 두 시간 동안 웃음꽃을 피우며 이야기를 나누었다. 놀이가 끝나자 모두 활기가 넘쳤다. 베네딕트회 친구들에게 배운 것이다. 이런 시간은 분명히 좋은 것이 자랄 수 있는 생명의 지지대를 형성한다.

또한 스튜어트 브라운(Stuart Brown) 역시 놀이의 중요성에 대해 말하면서 놀이의 몇 가지 성격에 대해 열거한다. 놀이는 "분명히 목적이 없다(그 자체가 목적이다)." "시간의 구애를 받지 않는다." "자아를 그리 의식하지 않는다."[13] 노동은 주택대출상환이나 더 깨끗한 주택으로 귀결되지만 놀이는 돈벌이 목적이 없는 활동이다. 놀이는 무언가를 성취할 목적에 부합하지 않는다. 사실 그 반대다. 놀이는 끊임없이 생산하는 우리의 성향에, 혹은 누군가의 습관에 일시정지 버튼을 누른다.

'아직'은 핑계, '오늘' 안식하라

히브리서 4장 7절로 돌아가자. 주님은 백성이 순종하는 마음으로 말씀을 받아들일 날, '오늘'이라는 날을 정하셨다. '오늘'은 하나님이 선물로 주시는 안식으로 들어가는 날이다. 불행히도 우리는 안식에 관한 것이라면 '오늘'을 '훗날'로 바꾸는 경향이 있다. 훗날 나는 더 편하게 살 것이다. '대학을 졸업하고 취직하면… 결혼해서 가족이 생기면… 생활과 직장이 안정이 되면… 은퇴하면… 내가 죽으면?' 우리는 언제 그분의 안식에 들어가게 될까? '아직'이라는 핑계를 댄다면 붙잡을 수 없는 '훗날'에 붙잡혀 지내는 셈이다. '아직'은 시간의 핑계다. '지금은 시간이 없어.' '아직'은 감정의 핑계다. '휴식은 사치야.' 끝으로 '아직'은 사회적 핑계다. '아무도 하지 않아!'

당신과 나는 왜 하나님이 선물로 주시는 안식을 미룰까? 왜 꾸물거릴까? 나는 손을 내밀지 않기 때문에 하나님의 안식이라는 선물을 누리지 못할 때가 많다. 웨인 멀러(Wayne Muller)는 《휴》(Sabbath, 도솔)에서 이렇게 말한다. "안식일은 항복을 요구한다. 일을 모두 마치기 전에 멈출 수 없다면 우리는 결코 멈추지 못할 것이다. 우리가 하는 일은 결코 완전하게 마칠 수 없기 때문이다. … 일을 마칠 때까지 쉬지 않는다면 우리는 죽고 나서야 쉴 것이다. 안식일은 일을 마치지 않아도 될 자유를 주기 때문에 하루하루가 긴박하다는 거짓말은 폐기된다."[14]

우리는 매주 안식일을 통해 우리의 주인은 일이 아니라 하나님임을 떠올린다. 우리가 충성하는 대상은 하나님이지 일과표나 일정표가 아니다. 오늘은 일주일에 하루, 노동을 멈추는 주간 흐름으로 들어가는 날이다. 나는 늘 하나님의 일이 내 일보다 먼저라는 사실을 마음 깊이 새긴다.

내가 오늘 하나님이 주시는 안식에 들어가지 않는 또 한 가지 이유는 과로로 녹초가 되었기 때문이다. 어리석은 말 같지만 토머스 머튼이 정확하게 꼬집었다.

숨통이 끊어지지 않으려면 잠시 아무것도 하지 말고 편안히 앉아있어야 할 때가 있다. 자신을 돌보지 않고 일에 몰두하는 사람에게는 아무것도 하지 않고 가만히 앉아서 쉬는 것보다 어려운 일이 없다. 그가 할 수 있는 가장 힘들고 용기 있는 행동은 쉬는 것이다. 하지만 그는 그럴 능력이 없다.[15]

오늘 안식의 공간과 시간의 흐름에 들어가면 내가 '하나님 아버지'에게 얼마나 특별한 사람인지 기억할 수 있다. 요즘 내가 주로 하는 일은 다양한 사역을 하는 리더와 사역자들에게 다만 며칠이라도 홀로 침묵할 시간을 주는 것이다. 몇 시간씩 '아무것도 하지 않고' 하나님의 임재에 머무르는 일은 불안해서 도저히 못하겠다고 거절하는, 유능하고 기운이 넘치는 리더를 얼마나 많이 만났는지 모른다. 용기와 믿음이 있어야 할 수 있는 일이지만 일단 시작하면 우리와 함께 계시고 우리를 위해 역사하시는 하나님을 발견할 수 있는 길이다.

하나님은 이스라엘에 안식할 시간을 넉넉하게 허락하셨다. 그분은 우리가 앞서 이야기했던 일주일마다 쉬는 안식일뿐 아니라 쉴 수 있는 시간을 더 허락하셨다. 예를 들면 매월 월삭은 안식일처럼 일을 하지 않는 날이다.[16] 따라서 일주일에 한 번 쉬는 안식일에, 한 달에 한 번 쉬는 월삭이 더해진다(한 해에 두세 번 겹친다). 또한 유월절(무교병), 오순절(7주), 초막절(수확)의 삼대 명절이 있었다. 삼대 명절에는 며칠 동안 예루살렘을 오가는 순례를 하는데 첫날과 마지막 날은 안식일처럼 일을 하지 않았다(레 23:7-8). 주님은 백성에게 명절에는 반드시 "쉴지니 밭 갈 때에나 거둘 때에도 쉴지며" 하고 되풀이해서 말씀하셨다(출 34:21). 여기에 칠 년에 한 해는 파종도 전정도 수확도 금하고 토지를 쉬게 하라는 명령(레 25:2-6)과 토지에 관한 또 다른 안식년인 희년(50년에 한 해, 레 25:8-12)을 더하면 하나님은 백성에게 매주, 매월, 매년, 평생의 주기로 쉬는 시간을 놀라울 만큼 많이 주신다. 하나님이 백성에게 하나님의 임재에 머물 시간을 그만큼 많이 주셨다면 우리도 조금 더 시간을 내는 것이 현명한 태도가 아닐까?

느긋함을 회복하는 시간

1 하나님은 당신에게 생활과 가족, 일의 흐름에서 어떻게 쉬라고 말씀하시는가?

2 그분의 안식에 들어가는 데 힘쓰지 못하게 하는 반대 의견이 마음 한구석에 있는가? 어떻게 대답하고 싶은가?

3 개인적으로 아무런 성과가 없어도 안식하고 예배하고 사랑하고 심지어 노는 시간이 있는가?

    몇 해 전, 아내는 '고난의 여름'을 보냈다(이 이름은 나
중에 우리가 붙인 것이다). 하루는 아내가 허리를 숙여서 침대를 정
리했는데, 불과 몇 주 후에 아내는 좌골신경통으로 그 침대에 쓰
러졌다. 사랑하는 사람이 신체적으로든 다른 일로든 큰 고통을
겪는 것을 보는 것만으로도 괴로웠다.

  거의 날마다 아내를 데리고 척추지압사를 찾았다. 불확실한
요소가 있는 수술은 받지 않기로 했다. 아내는 걸을 때마다 다리
통증을 호소했기 때문에 우리는 달팽이처럼 느릿느릿 움직였다.
우리는 고통의 느긋한 속도에 맞춰 생활했다. 절대 서두를 수가
없었다!

  아내는 진통제 약효가 떨어지면 한밤중이라도 잠에서 깼다.
나는 아내의 허리 통증이 완화되기를 바라는 마음으로 침대 끝
을 오가며 시편을 소리 내어 읽으면서 기도했다. 내 방법은 효과

가 있을 때도 있고 없을 때도 있었다.

그 무렵 나는 J. B. 필립스의 《당신의 하나님은 누구인가?》를 읽고 있었다. 하루는 치료받는 아내를 기다리면서 책의 머리말을 펼쳐 들었다.

다 큰 어른이 자신의 인생 경험을 전부 부정할 각오가 아니라면 주일학교에 다니는 어린이가 생각하는 수준의 하나님을 예배하는 것은 분명히 불가능하다. 불굴의 의지로 그게 가능하더라도 그는 자신의 유치한 믿음이 폭로되지 않을까 늘 노심초사할 것이다. 그리고 어른의 충성과 협력을 요구할 수 없을 만큼 작은 하나님을 예배하든지 섬기려고 애쓸 것이 뻔하다.[1]

아내의 고통과 그걸 보고만 있어야 하는 내 무능력 때문에 내 속의 미숙하고 유치한 하나님상이 드러났다. 나는 아내의 신체적 고통을 보면서 하나님의 관심과 임재를 대놓고 의심했다. 그분의 분명한 임재보다 분명한 부재를 더 많이 느꼈다. 이 문제로 씨름하면서 '아, 주님, 언제까지 이래야 합니까? 아내가 언제까지 고통을 당해야 합니까? 언제 고통을 거두고 위로하실 참입니까?' 하고 물었다.

몇 달 후 통증이 가라앉자 아내는 체력을 회복하고 자유롭게 움직일 수 있었다. 믿음의 시험대에 오른 혹독한 시련의 나날이었지만 다행히 우리 믿음은 파괴점에 이르지 않았다. 아내가 극심한 고통을 받는 동안 우리는 성경에서 고통의 이유를 찾는 데는 큰 관심이 없었다. 우리에게 고통의 속도는 하나님의 사랑과 은혜의 속도가 되었다. 우리가 가장 알고 싶었던 것은 하나님이 우리와 함께 계신다는 사실이었다.[2] 인생의 고난과 시련이 닥칠 때 우리가 알아야 할 것은 바로 이것이 아닐까?

하나님의 격렬한 은혜

결혼 초기 이야기를 해야겠다. 신혼의 단꿈에 젖어 산 지 몇 년이 지났을 때 나는 여러모로 자초한 고통을 겪었다. 녹초와 탈진의 나날이었다. 지나치게 바쁘고 과로했다. 하지만 하나님의 격렬한 은혜 덕분에, 나는 내게 그분이 절실히 필요하다는 것을 깨달았다. 무척 고통스러웠지만 하나님은 고통을 사용해 나를 더 나은 자리로 인도하셨다.

나는 일중독에서 벗어나려고 애쓰고 또 일중독에서 회복되길 원하는 사람들과 일하면서 뼈아픈 깨달음을 얻었으니, 우리는 하나님의 얼굴을 피하려고 하나님을 위해 일한다는 것이다. '하나님의 일'을 하고 있다는 이유로 일상의 균형을 잃는 것을 정당하게 여겼다. 전임 사역자만 그런 것이 아니다. "나는 하나님을 위한 일을 많이 하고 있습니다! 지금 나한테 하나님을 위한 일을 줄이라는 말입니까?"라고 물으면 누가 반박할 텐가? 하지만 이렇게 묻고 싶다. "그게 하나님의 일임을 확신합니까? 하나님이 언제 그 일을 하라고 하셨습니까? 당신이 지금 너무 무거운 멍에를 지고 있다면 자신의 멍에는 가뿐하고 편안하다는 예수님 말쏨이 잘못됐다는 것입니까?" 다시 말하지만, 때로 하나님은 우리가 매우 생산적이라고 여기는 것을 가지치기하듯 손수 잘라내신다. 우리의 진짜 생산성을 막고 있기 때문이다.

그 시절에 하나님이 보내신 몇몇 훌륭한 스승들 덕분에 우리 부부는 한 해 동안 내면의 큰 부흥을 맛보았고 영적인 용기를 얻었다. 하나님의 은총이 깃든 한 해였다(앞서 2장에서 설명했다). 그해에 장인의 암이 재발했다. 장인은 몇십 년 동안 암 투병을 했었다. 고희를 넘긴 나이에 암이 재발하자 병세가 급격히 악화되었다. 활력이 넘쳤던 장인은 나날이 기력을 잃었다. 사랑하는 이의 고통을 아프게 지켜본 적이 있는지 모르겠다. 이십 대였던 우리 부부에게 가까운 이의 죽음은 처음이었다. 우리는 장인의 소천으로 힘든 시간을 보냈다. 하지만 누구든 자신이 겪는 고통보다 더 큰 고통은 없다.

일 년 후 아내는 아기를 유산하고 나서야 임신했었다는 것을 알았다. 오 년 전 첫 번째 유산에 이은 두 번째 유산이었다. 그때 우리는 남가주의 어느 큰 교회 대학부 목사로 일하면서 뜻밖의 임신으로 산모가 된 어린 미혼모들을 상담하고 보살폈다. 그들은 부모가 되고 싶어 하지 않았다. 우리는 부모가 되고 싶었다. 하나님은 아직 원하지도 않는 어린 미혼모들에게는 주시는 선물을 왜 원하는 우리에게는 허락하지 않으셨을까?

일 년 후 아내는 세 번째 임신을 했다. 우리는 처음부터 힘겨운 임신이 되리란 것을 알았다. 임신 1분기에 아내가 하혈을 하자 의사는 검사 후 자궁 근종이 자라고 있다고 말했다. 게다가 근종은 태아보다 빠르게 자랐다. 임신 2분기나 3분기에 유산을 우려한 의사는 아내에게 절대 안정을 취하라고 지시했다. 우리는 모든 지인에게 아기가 근종보다 빠르게 자라서 정상적으로 태어날 수 있도록 기도를 부탁했다. 힘겹고 불확실하고 위태로운 시간을 보낸 끝에 나와 아내는 장남의 출생을 기쁘게 맞이했다. 오랫동안 진통을 하다가 결국 제왕절개 수술을 한 후에야 숀은 세상으로 나왔다. 거의 쌍둥이에 맞먹을 만큼 자란 근종은 그로부터 여섯 달 후에 제거했다. 고생스러웠지만 해피엔드였다. 그런데 숀이 근종보다 빠르게 자라도록 해달라는 기도 부탁은 그리 똑똑하지 못했던 요청인 듯하다. 현재 십 대 후반인 숀은 키가 195센티미터로 또래들 중 상위 1퍼센트에 해당한다!

아내가 근종 제거 수술을 준비할 무렵, 나는 담임목사의 호출을 받아 사무실을 찾았다. 결혼 후 팔 년 동안 사역하던 교회였다. 그날, 교회 재정 상황이 악화되어 더 이상 후원받을 수 없다는 통보를 받았다. 교회에서 이런 일을 본 적이 없었다. 한 달 후면 실직자가 될 처지였다. 불과 얼마 전에 교회 근처에 집을 구입하고 장남 숀도 태어났는데, 생계가 막막했다.

목사직을 잃고는 온갖 물음이 들었다. '앨런 목사가 아니면 나는 누구인가? 교회에서 사역하지 않으면, 지금까지 했던 일을 하지 않으면 나는 누구인가? 사역자로 일하면서 돈을 벌지 않으면 나는 무슨 가치가 있는가?'

반년이 지나 더 작은 교회의 교역자로 부임했고 고맙게도 대학생과 청소년들을 지도하는 비슷한 사역을 맡았다. 하지만 집에서 한 시간이나 떨어진 곳에 있었기 때문에 집을 내놓을 수밖에 없었다. 당시 주택 시장은 하락세였고 집을 사겠다는 사람은 드물었다.

몇 달 후 노스리지 지진(1994년 노스리지에서 발생한 진도 6.7의 지진—옮긴이)이 일어났다. 우리 집은 시미밸리 언덕 위에 있었다. 간략하게 말하면 우리 집은 지진 피해를 입었다. 게다가 그 일 후로 몇 달 동안 집을 사는 사람이 아무도 없었다! 우리는 주택 상환금과 임대료를 동시에 낼 수 있는 형편이 아니었다. 거의 구 년 동안 저축한 돈과 주택을 은행에 넘기는 것 외에는 달리 방도가 없었다. 이삿짐은 소형 트럭 한 대 분량으로 줄어들었다.

해마다 위기가 찾아왔다. 장인의 소천, 태아의 죽음, 그다음 임신 기간에 닥친 죽음의 공포, 사역의 죽음, 재정의 죽음. 우리는 죽음의 한복판에서 간신히 눈을 뜨고 부활을 바라보았다.

기다림

일 년에 한 차례씩 위기가 찾아오던 시절, 대기실을 수없이 방문한 기분이었다. 기다림을 고통으로 여기지 않는 사람도 있을 것이다. 물론 무엇을 얼마나 오래 기다리느냐에 따라 제가끔 느끼는 바가 다를 것이다. 그러나 대개 기다림은 날카로운 격변의 고통이 아니라 끝날 것 같지 않은, 무지근하고 만성적인 통증에 가깝다. 나는 환자처럼 기다리는 것을 질색한다. '인내'에 해당하는 고대 영어는 '오래 참는다'라는 뜻이다. 우리가 견딜 수 있는 것보다 더 오래 불편이나 혹은 더 나쁜 것을 참는 것은 실로 인고의 기다림이다.

십자가의 요한(John of the Cross)은 그의 시 〈어두운 밤〉에 대한 주석에서 훌륭한 화가 앞에 가만히 앉아있는 모델의 심상을 쓴다. "그림을 그리거나 초상화를 수정하는 화가 앞에서 포즈를 취한 모델이 하고 싶은 게 있다고 움직인다면 화가는 작품을 완성할 수 없을 것이고 그림은 버려질 것이다."[3] 기다려야 할 때가 있다. 그때 나는 무언가를 하고 싶은 충동이 든다. 하지만 하나님은 창조적인 일을 하시는 동안 나를 가만히 기다려야 할 그 자리로 인도하셨을 것이다. 그렇다면 나는 대예술가가 작품을 완성하시도록 가만히 있어야 한다. 모델이 그림을 보고 싶어서 계속 일어난다면 작품을 완전히 망치지는 않더라도, 화가는 자기가 의도했던 아름다움을 창조하는 데 애를 먹을 것이다.

바울의 옆구리에 박혔던 가시 역시 기다림의 한 예다. 고린도후서 12장에서 바울은 하나님께 "여러 계시를 받은 것이 지극히 크므로 너무 자만하지 않게 하시려고 내 육체에 가시 곧 사탄의 사자를 주셨으니"라고 말했다(고후 12:7). '주셨다'고? 육체의 가시가 선물이 아닌 것은 확실하다! "이것이 내게서 떠나가게 하기 위하여 내가 세 번 주께 간구하였더니"(고후 12:8). 누군들 간구하지 않겠나? 나도 간구했을 것이고 또 간구했다! 바울은 예수님의 이름으로 간구하면서 절절하게 탄원했을 것이다. 하지만 하나님은 바울에게 기다리라고 하셨다. 하나님은 "안 된다. 가시는 그대로 둘 것이다. 네게 더 좋은 것을 주겠다"라고 하신 셈이다. 나는 바울이 그 순간 하나님의 더 나은 계획을 받아들였는지 궁금하다! 하나님이 "내가 네게 은혜를 베풀겠다. 내 은혜면 충분하다. 결국 네 부탁대로 가시를 제거한다면 너는 내가 너를 위해 준비한 계획을 놓칠 것이다. 그래서 네게 은혜를 충분히 내리고 가시는 그대로 두겠다. 내 능력은 약한 데서 온전하기 때문이다"라고 말씀하셨을 때 바울은 조금이라도 감격했을까?

영적 성장과 리더십 계발에 관한 신학은 과연 삶 속에서 하나님의 능력이 펼쳐질 약함에 대해 이야기하는가? 오히려 인간의 역량과 완벽이 성과를 내는 효율적인 리더십의 열쇠라고 여기지 않는가? 리더십에 대한 논의에서는 하나님이 바울에게 말씀하신 것처럼 약하다고 느낄 때 강하다는 말을 자주 듣지 못한다. 바울은 이렇게 말했다. "내가 약한 그때에 강함이라"(고후 12:10). 나는 바울의 말을 '약해지면 잠시 후 다시 강해진다'는 뜻으로 생각했었다. 하지만 지금은 그렇게 생각하지 않는다. 이것은 동시에 일어나는 일이다. 약함과 강함은 순차대로 진행되지 않고 동시에 발생한다. 내가 약한 그 순간 은혜가 나를 강하게 만든다.

메마른 광야

하나님의 은혜가 우리의 기다림을 돕듯이 하나님 역시 광야를 통과하는 우리를 도우신다. 나는 위기를 겪으면서 메마른 광야를 많이 만났다. 내가 말하는 광야는 하나님을 등질 때나 그분을 떠날 때나 인생을 충만하게 채우는 친교를 미루고 바쁘게 살 때 겪는 메마른 시간이 아니다. 그런 광야는 원인이 분명하다. 그런 광야는 빠져나갈 길이 있다.

내가 말하는 광야는 원인을 설명할 수 없다. 하나님을 찾고 그 분을 만나 새 힘을 얻었던 기존 방법을 쓰지만 우리가 이른 곳은 오아시스가 아니라 광야. 우리가 아무리 열심히 찾더라도 갈 증은 해소되지 않는다. "하나님이여 주는 나의 하나님이시라 내 가 간절히 주를 찾되 물이 없어 마르고 황폐한 땅에서 내 영혼이 주를 갈망하며 내 육체가 주를 앙모하나이다"(시 63:1)라고 기도 했던 다윗의 심정도 그렇지 않았을까?

나는 예수님을 광야로 이끄셨던 성령이 우리도 광야로 인도하 실 때가 있다고 믿는다. 우리는 불안하고 녹초가 되었을 때 성령 이 부르시는 음성을 듣는다. 하지만 성령이 처음 우리를 부르실 때 우리는 그분의 음성을 알아듣지 못한다. 우리는 자신이 부족 해서 영혼이 건강하지도 강하지도 못하다고 여기고 종교적 행위 를 새롭게 다진다.

나는 광야에 있을 때 하나님을 갈망하는 마음이 깊어졌다. 그 런데 갈망하는 마음이 쉽게 채워지면 갈망의 뿌리가 깊이 내리 지 못했다. 한동안 채워지지 않는 갈망을 가지고 살거나 금세 해 갈되지 않는 갈등을 느끼면, 또한 원기 회복이나 만족을 약속하 는 헛된 활동을 하고 싶은 충동을 억누르면, 갈망은 깊어지고 튼 튼해진다. 나는 바울의 말을 기억한다.

형제들아 우리가 아시아에서 당한 환난을 너희가 모르기를 원하지 아 니하노니 힘에 겹도록 심한 고난을 당하여 살 소망까지 끊어지고 우리 는 우리 자신이 사형 선고를 받은 줄 알았으니 이는 우리로 자기를 의지하지 말고 오직 죽은 자를 다시 살리시는 하나님만 의지하게 하심이라(고후 1:8-9).

여기서 바울이 말하는 환난을 '사람들의 반발'이라고 말하는 주석가도 있고 '바울이 중병에 걸렸다'고 말하는 주석가도 있다. 어느 것이었든, 내 힘으로는 견딜 수 없을 것 같은 불안을 환난으로 여기면 될 듯하다. 물론 내가 직접 느끼는 압박은 바울이 당한 환난에 비할 바는 아니지만 "힘에 겹도록 심한 고난"인 것은 사실이다. 이를테면 나는 하나님이 예수님을 통해 나에게 맡기신 일을 굳세게 하려고 힘쓴다. 내 일은 느긋한 생활의 미덕을 선포하는 것이다. 이 메시지는 강박과 탈진에 빠진 수많은 형제자매들이 반드시 들어야 할 은혜의 소식이다. 내가 힘에 겹도록 심한 좌절, 곧 악의 저항을 느끼는 것은 당연한 일이다.

하나님은 왜 나에게 견딜 수 없는 압박을 오래 허락하시는 것일까? 그분의 목적은 무엇일까? 바울은 자신을 의지하지 않고 죽은 자를 살리시는 하나님을 신뢰하는 것을 동료들과 함께 배웠다고 말했다. 고난이 클수록, 극심한 압박을 느낄수록 영원한 가치는 내 안에서 나오는 게 아니란 것을 나는 깊이 깨닫는다. 나는 바울처럼 인생의 광야를 지날 때 그분을 더욱 깊이 신뢰하는 법을 배우고 싶다.

광야는 이스라엘 백성을 위한 교실이었다. 황량한 불모지는 그들의 성숙을 위한, 힘겹지만 중요한 장소였다. 그들은 광야에서 긴 세월을 보냈다. 광야는 그들에게 너무나 익숙한 장소가 되었다. 하지만 몇 세대 후 이스라엘은 기억해야 했다. "네 하나님 여호와께서 이 사십 년 동안에 네게 광야 길을 걷게 하신 것을 기억하라 이는 너를 낮추시며 너를 시험하사 네 마음이 어떠한지 그 명령을 지키는지 지키지 않는지 알려 하심이라"(신 8:2). 무려 사십 년이다! 하나님은 이스라엘 백성이 최단 거리로 약속의 땅에 도착하는 것을 허락하지 않으셨다. 하나님은 그들이 약속의 땅에서 하나님의 법을 지키며 살 준비가 될 때까지 느긋하게 기다리셨다.

이스라엘 자녀들에게 그러셨듯이 하나님은 특별한 이유로 자기 백성을 먼 광야 길로 인도하신다. "너는 사람이 그 아들을 징계함 같이 네 하나님 여호와께서 너를 징계하시는 줄 마음에 생각하고"(신 8:5). 사랑하기에 고된 훈련을 시키신다는 것을, 하나님은 이스라엘 백성이 그리고 당신과 내가 알기를 바라셨다. 나는 그 사실을 자주 놓친다. 내가 겪는 고난이 주님의 훈련임을 모를 때가 너무 많다. 종종 고난의 이유가 내 잘못이나 적의 공격 때문이라고 여긴다. 하지만 하나님은 내 실패와 적의 계략보다 더 크시다. 하나님이 고난을 막을 힘이 없어서 내가 고난을 당하는 것이 아니다. 내가 고난을 당하는 것은 내 유익과 하나님의 영광을 위해서다. 물론이다. 하나님은 우리를 단련하기 위해 광야로 이끄신다.

광야의 축복

어느 해 여름, 우리 교회가 자주 사용하는 캠핑장 근처 호수가 메말랐던 적이 있다. 산속 호수는 큰 구멍만 남기고 사라졌다. 그해 우리 교회를 비롯해 캠핑장 사용을 취소한 교회가 많았다. 하지만 호수가 마르자 캠핑장은 꼭 필요했던 댐 보수 공사를 했고, 호수 밑바닥에 몇 년째 쌓여있던 쓰레기를 깨끗하게 치웠다. 하나님이 내 인생에 가뭄을 허락하시면 물의 수위가 낮아져 수리해야 할 것이 확연히 드러날 것이다. 그러면 허물어진 곳을 뜯어고치고 바닥에 쌓인 쓰레기를 깨끗이 치울 수 있지 않을까? 호수가 마르기 시작하면 가장 먼저 여울과 경계선이 드러난다. 그다음은 깊은 중심부가 노출된다. 광야의 시간에 하나님이 나를 거룩한 사람으로 만드신다고 믿는가, 내가 거룩한 척 살아도 내버려두신다고 믿는가?

하나님이 광야의 시간에 거룩한 척 살고 있는 나를 내버려두지 않고 거룩한 사람으로 만드실 것이라고 믿는가? 확실히 나는 본성적으로 거룩한 사람은 아니다.

광야에서 했던 기도를 떠올린다. 나는 대개 나를 단련하시는 하나님의 손길을 달가워하지 않는다. 하나님께 내가 안심할 수 없으니 물의 수위가 내려가지 않게 해달라고 너무나 자주 요구한다. 내게는 장기적인 안목이 부족하다. 내 기분만 좋게 할 줄 알았지 정말 좋은 것이 무엇인지는 까맣게 잊기 일쑤다. 오랜 광야 생활의 불편과 불만은 하나님의 영이 나를 속속들이 정화하실 좋은 기회다. 광야의 시간에는 폭식, 정욕, 탐욕, 질투 같은 내 약점이 드러난다. 당신도 자신의 약점이 보일 것이다. 광야의 시간에는 내 인내심이 시험대에 오른다. 내 영혼의 근력을 기를 수 있는 기회다. 다 좋다. 하지만 광야를 지나야 한다는 사실은 여전히 어렵다.

나처럼 감정 기복이 심해서 의욕은 요동치고 감정이 메마르면 의기소침해지는 사람이 있을 것이다. 광야의 시간에는 내 '영적인' 동기조차 이기적일 수 있음이 드러난다. 내 갈증에는 무질서한 것이 많다. 내가 날마다 걷고 있는 먼지 날리는 황량한 길은 하나님이 맡기신 일을 계속해야 하는 힘겨운 장소이다. 가뭄이 들어 뿌리를 더 깊이 내려야 하는 나무처럼 나는 원기를 회복할 수 있는 곳까지 뿌리를 깊게 내리는 법을 작정하고 하나님께 배울 것이다.

가지치기

고난의 때에 하나님의 인도를 분별하도록 내게 도움을 준 성경의 마지막 심상은 가지치기이다. 기다림과 광야의 때에 기도가 절로 나오듯 가지치기의 때에도 마찬가지다. 나는 고난이 닥치면 요한복음 15장을 펼친다. 이 본문은 지금까지 내 인생의 절반에서 가장 중요한 성경 구절들이다. 나를 사로잡았던 것은 2절이었다. "무릇 열매를 맺는 가지는 더 열매를 맺게 하려 하여 그것을 깨끗하게 하시느니라."

'그럼 어느 가지를 쳐야 하는 거지?'라고 고민할 때 예수님은 열매가 열리는 가지를 치겠다고 말씀하셨다. 열매를 맺지 못하는 가지를 치겠다는 말씀은 하지 않으셨다.

우리 인생의 가지치기를 하시는 대원예가의 목적은 무엇일까? 당연히 풍성한 결실이다. 하지만 가지치기를 한다는 사실은 얼마간 열매가 열린 후라도 가지가 앙상하게 보일 시기가 있음을 뜻한다. 나는 가지가 잘리면 보잘것없게 느껴지고 수치심이 들 뿐 아니라 강도를 만난 것 같은 기분이 든다. 또한 더 이상 열매가 열리지 않을까 봐 걱정스럽기도 하다.

한때 집을 임대해서 살았던 적이 있다. 전 세입자는 앞마당의 장미나무를 몇 년이나 방치했다. 나는 키가 꽤 큰 편인데 장미나무는 나보다 더 높게 자라있었다. 그들은 웃자랄수록 좋다는 정신으로 장미를 기른 게 틀림없었다. 나는 순진하게도 이듬해 봄이 오면 꽃이 만발할 줄 알았다. 하지만 봄이 오고 철이 지나도록 장미꽃은 열 송이도 피지 않았다. 허약한 장미나무는 무성한 가지를 살리느라 꽃을 피울 여력이 없었던 것이다.

그래서 나는 겨울이 되자 큼지막한 전지가위를 들고 세 살 된 아들과 함께 앞마당으로 나갔다. 내가 장미나무 가지치기를 시작하자 아들 얼굴에는 걱정하는 표정이 역력했다. 아들은 아빠가 장미나무를 죽인다고 생각했다! 가지치기가 끝나자 쓰레기통에는 장미나무 가지와 여기저기 땅에 떨어져있던 잔가지가 잔뜩 쌓였다. 잎은 없었다. 장미꽃도 없었다. 아들은 장미나무가 죽었다고 생각했다. 아들은 이듬해 봄에 무슨 일이 생길지 상상하지 못했다. 하지만 가지치기는 믿을 수 없을 만큼 놀라운 결실을 낳았다. 우리가 누렸던 장미꽃의 질과 양은 말로 형용할 수 없다.

그 일은 지금도 영적 성장에 대한 중요한 사실을 강하게 말해준다. 내가 바라는 영적 생활이 있다. 하나님께 가고, 성장하고,

열매를 많이 맺고, 죽을 때까지 하루도 빠짐없이 충만하게 사는 것이다. 대원예가의 전지가위로만 내 인생이 그렇게 풍요로워질 수 있다. 그런데도 나는 가지치기가 필요한 시기는 염두에 두지 않을 뿐 아니라 생각하기조차 싫어한다.

풍성한 영적 생활을 위한 기도 응답은 역설적이게도 가지치기로 시작된다. 나는 하나님 나라를 위해 성장하며 열매를 맺고 싶다고 기도했다. 그리스도 안에 깊이 머물면서 성숙해지길 원한다고 기도했다. 하지만 하나님의 응답을 거의 알아채지 못했다. 왜 그랬을까? 내가 생각하는 기도 응답이 하나님의 지혜로운 응답과 사뭇 다르기 때문이다. 예를 들어 나는 그리스도와 교제하면 늘 만족스럽고 하나님의 임재를 가깝게 느껴서 매 순간 믿음의 확신을 가지게 될 거라 믿고 싶다. 하지만 주님의 전지가위가 움직이면 열매가 전혀 열리지 않는 것은 아니지만 한동안 가뭄과 흉년이 든 것처럼 느껴진다. 그런 시기에는 '가지치기 덕분에 곧 풍성한 결실을 거둘 거야'라는 말로 나 자신을 다독여도 좋으련만 그런 안목을 가지지 못할 때가 많다. 다행히 내가 실패하더라도 내가 진심으로 바라는 것을 하나님이 알아주셔서 감사할 따름이다.

하나님은 언제나 우리의 유익과 자신의 영광을 위해서 가지치기를 하신다. 예를 들면 가지치기 덕분에 우리는 질이 낮고 설익은 열매 대신 철저한 순종과 의뢰에서 열리는 잘 익은 열매를 기대할 수 있다. 가지치기는 쉬운 일이 아니다. 겟세마네 동산의 예수님을 생각해보라. 그분은 고심하고 씨름하면서 기도하셨다. 그분은 하나님께 이론적이거나 지식적인 물음을 던지지 않으셨다. 예수님은 소리치고 흙을 움켜쥐면서 기도한 나머지 땀이 핏물처럼 흘러내렸다. 예수님은 제자들에게 기도는 이렇게 해야 한다고 보여주신 게 아니다. 그분은 사력을 다해 하나님의 뜻에 복종하셨다. 하나님은 자신의 계획에 따라 가지치기를 하면서 우리의 협력을 끌어내는 일을 자주 하신다. 그리하여 우리 역시 고난의 때를 만날 것이다. 예수님은 바로 그 사실을, 그 여행을 우리에게 보여주셨다.

상실의 가지치기

가지치기란 어떤 것일까? 한 가지 예를 들면 외적 상실, 곧 우정, 재산, 기회, 교직, 사람들의 존경, 신분 따위를 잃는 것이다. 이런 상실감을 맛보면 성장이 멈춘 것처럼 느껴진다. 사실 그 순간 우리 처지에서 보면 가지치기는 영적 성장이나 풍요로움에서 완전히 차단된 느낌이다. 나는 수확량이 떨어질 것을 우려한 나머지 가지치기를 하지 않는 과수원 농부처럼 주저한다. 수확량이 떨어지면 수입도 떨어지므로 이듬해를 보지 못하고 눈앞의 이익에 연연하는 농부들이 있다. 그리스도인들에게도 똑같은 문제가 있다. 우리는 지식을 조금 더 쌓고 영향력을 조금 더 발휘하고 인정을 조금 더 받는 것만 성장으로 여긴다. 우리는 하나님의 뜻에 순종하는 고통스러운 가지치기와 고난은 성장의 신학에 포함시키지 않는다.

가지치기는 외적 상실뿐 아니라 꿈, 계획, 희망, 기대를 잃는 내적 상실도 의미한다. 때때로 우리는 하나님의 임재를 느끼지 못한다. 자신감을 잃거나 주님이 소원하게 느껴지기도 한다. 하지만 이런 상실은 우리로 그리스도 안에 깊이 머물게 하여 훗날 상상하지 못했던 결실을 안겨줄 것이다.

모든 사람은 상실의 고통을 겪게 마련이며 고통 속에 여러 가지 물음을 던진다. 예를 들면 "고난의 때에 그리스도와 하나가 된다는 게 무슨 뜻일까? 인생이 불행할 때 어떻게 뿌리를 내릴 수 있을까? 하나님이 멀리 계신 것 같을 때 어떻게 그분께 계속 나아갈 수 있을까?"와 같은 것들이다.

이는 인생뿐 아니라 우리가 동참하거나 이끄는 사역에도 중요한 물음이다. 우리는 하나님께 실망한 사람들이 그리스도 안에 머물도록 돕고 있는가? 사람들이 던지는 불가능한 질문에 평이하고 간단한, 그래서 더욱 둔감한 답변을 하지는 않는가? 우리는 고통받는 친구들에게 이것이나 저것을 하면 잘될 것이라고 말하고 싶지 않은가? '우리' 마음이 편하고 싶어서 그들이 광야를 빨리 통과하도록 서두르지는 않는가?

가지치기를 한 나무에 "조금 더 해"라고 말하는 건 잔인한 충고이지만, 우리는 "머물러 있어. 깊이 머물러 있어. 회복해. 뿌리를 내려. 하나님이 마음껏 일하시게 마음을 열어"라고 말할 수 있다. 물론 측정하기 좋아하는 교회 생산성과 교회 성장 측면에서는 그런 조언으로 단기에 거둘 수 있는 성과가 없다.

나는 머리로는 이런 사실을 알았지만 고난이 닥치자 휘청거

릴 수밖에 없었다. 앞서 말했듯이 우리는 해마다 위기를 겪으면
서 뚜렷한 외적 상실에 처했고 주변 사람들은 우리의 고통에 같
이 마음 아파했다. 그때 우리는 고난에도 굴하지 않는 영웅적인
믿음으로 사람들의 존경을 받았다. 솔직히 말하면 믿음의 영웅
이 되어 남들의 존경을 받으니 어깨가 으쓱했다. 하지만 1990년
대 후반에 이르자 가지치기는 명확한 외부 환경이 아니라 적어
도 사람들의 눈에 보이지 않는 내부 환경에서 일어났다.

　나는 깊은 우울증에 시달렸으며 활력을 잃고 사역의 목표가
흔들렸다. 그때까지 내가 이해했던 하나님을 깊이 의심하기도
했다. 내가 꼭 붙잡고 사람들에게 전했던 하나님의 성품과 방법
이 과연 내가 믿었던 것만큼 순수하고 완전하지 않을지도 모른
다는 의심이 들었다. '내가 잘못 배웠거나, 믿음의 스승들이 오해
했던 것은 아닐까?' 더욱이 이런 내면의 가지치기는 외부의 가지
치기에 비해 공감해주는 사람이 드물었다. 나는 더 이상 믿음의
영웅처럼 보이지도 않았고 그렇게 느낄 수도 없었다. 내적 고난
의 시기에 나는 사람들의 관심도 칭찬도 받지 못했다. 그것 역시
내가 느낀 큰 상실감이었다.

　나와 비슷한 경험을 했을지도 모르겠다. 자신의 믿음의 행보
를 보면서 '이것밖에 못해?'라고 느낀 적은 없는가? 자신의 믿음
이나 친구들의 믿음이 점차 깊어지기는커녕 메마르고 초라해진
적은 없는가? 믿음이 오히려 감옥처럼 느껴지고 서서히 자신을
옥죄면서 홀로 고통 속에 있는 것처럼 느낀 적은 없는가?

　때로 하나님은 예수님을 꾸밈없이 믿도록 내 믿음의 군살을

말끔히 제거하신다. 나는 전지가위의 움직임을 느끼면서 믿음을 지켰다. 시간이 지난 뒤에 나는 믿음 대신 내가 과신했던 지식과 이론이 사라졌음을 깨달았다. 이를테면 나는 믿음을 계측하고 틀을 잡고 설명하는 데 자신감을 잃었다. 앞서 말했던 내적 고난을 통해 예수님은 언제나 내 경험보다, 어느 믿음의 전통보다 훨씬 더 크신 분임을 다시 배웠다. 항상 그분은 인간의 전통, 인간의 표현, 인간의 경험을 초월하신다. 하지만 이 사실은 나를 불안하게 만든다. 예수님에 대한 내 작은 소견에는 마음을 놓으면서 그분이 내 이해를 초월하신다는 사실에는 위협을 느낀다. 바울은 우리가 모든 지각에 뛰어난 그리스도의 사랑을 알도록 기도했다(엡 3:18-19). 하지만 나는 내 지식을 초월하시는 분과 교제하면서 살겠다고 하나님께 선뜻 청할 수 있을까? 이렇듯 하나님을 넉넉하고 느긋하게 아는 지식은 그분에 대한 오해의 죽음을 허락하는 부활의 열매다.

소박한 초대

다시 요한복음 15장으로 돌아가자. 나는 가지치기를 한 가지는 오직 포도나무에만 잘 붙어있으면 된다는 사실에 감동을 받았다. 자존감에 상처를 입으면 그리스도를 통해 하나님을 더욱 강하게 붙잡아야 한다. 나무는 선택의 자유가 없지만 하나님의 자녀인 우리는 순종과 불순종의 자유가 있다. 수락도 거절도 가능하다. 과연 상실을 허락하고 그 상실을 통해 가지치기를 하시는 분 안에 계속 머물러있을 것인가?

누구든 고난을 당하면 선하신 하나님을 의심하고 싶어진다. 하지만 19세기 말엽과 20세기 초엽의 순회 전도자이자 설교자였던 F. B. 마이어(F.B. Meyer)의 말은 우리에게 큰 도움을 준다.

하나님은 늘 슬픔의 훈련을 손에 지니고 계신다. 우리 주님은 "내 아버지는 농부"라고 하셨다. 그분은 전지가위를 들고 계신다. 그분은 도가니를 보신다. 그분은 부드럽게 맥을 짚으면서 수술을 진행하신다. … 시간은 신중하게 분배된다. 시련의 세기는 안쪽에 놓여있어 인식할 수 없지만, 시련은 극심한 고통의 압박에 쓰도록 비축된 은혜와 능력에 의해 정확히 결정된다.[4]

마이어는 알고 있었다. 기다림이나, 광야, 가지치기를 통과할 때, 따라서 약하고 피곤할 때 인내를 배울 수 있다는 것을. 하나님은 어둠 속에서도 변함없는 은혜를 허락하신다. 하나님을 견고하게 바라보면 고난에도 불구하고, 아니 고난 덕분에 우리는 성장할 수 있다.

1 근래에 영적 대기실을 경험했던 적이 있다면 설명해보라. 하나님에 대해 어떻
게 느꼈는가? 자신에 대해 어떻게 느꼈는가? 달갑지 않은 여유의 시간에 하나님은
당신에게 무엇을 바라시는 것 같았는가?

2 활력과 친밀감을 느꼈던 하나님과의 사이가 메마르고 멀어진 것처럼 느낀 적
은 언제였는가? 행여 당신의 잘못된 선택이나 실수로 그런 변화가 생기지는 않았
는가? 하나님은 당신의 익숙하고 편안한 곳, 하지만 실은 꼼짝 못하고 있던 곳에
가뭄이 들게 하여 당신으로 뿌리를 깊게 내리도록 하지 않으시는가?

3 지금까지 상실한 것에 대해 생각해보라. 이후에 더 풍성한 또는 더 나은 결실을
낳는 가지치기의 관점에서 당신의 상실을 설명해보라.

4 하나님은 현재 당신의 고난 속에서 자신에게 가까이 오라고 말씀하지 않으시
는가? 당신이 생각하는 것 이상으로 당신을 사랑하시는 분에게 솔직한 기도의 고
백을 드리라.

9장　성숙, 성장에는 시간이 걸린다

고등학교 시절에 예수님을 만나 그분을 따른 지 삼십삼 년 넉 달이 지났으니 이 책을 쓰고 있는 나는 이제 그리스도인으로서 한 세기의 삼분의 일 지점을 통과한 셈이다. 물론 순종할 때도 있고 불순종할 때도 있다. 나는 스스로 묻곤 한다. '삼십삼 년 동안 예수님을 따르면서 성장하고 있는가, 아니면 몇 년씩 같은 일을 반복하면서 침체하고 있는가?' 예수님을 신뢰하지 못했던 때, 성령의 능력으로 예수님께 복종하지 못했던 때, 전심으로 그분을 따르지 못했던 때를 떠올리면 마음이 아프다.

성장하는 데 시간이 걸린다는 것은 반박하기 어려운 사실이다. 순무는 두어 달이면 자라지만 사람은 다르다. 아기가 어머니 배 속에서 다 자라는 데는 아홉 달이 걸리지만 그 아기가 신체적으로 성장하는 데는 몇 년이 더 걸리고 감정과 관계, 영혼의 성숙에 이르는 데는 훨씬 더 오래 걸린다. 그리고 영적 성장에 관한 일이라면 우리는 대개 성장과 성숙의 지름길을 찾는다. 이를 테면 사람들은 흔히 하나님을 위해 사역을 많이 하거나 성경적, 신학적, 영적 지식을 많이 모으고 정리하고 암기하면 영적으로 성숙할 수 있다고 믿는다.

유진 피터슨은 《부활을 살라》(*Practice Resurrection*, IVP)에서 이렇게 말한다. "성급하게도 프로그램으로도 임시변통으로도 성숙에 이를 수 없다. 그리스도 안에서 성장을 촉진하는 스테로이드 같은 것은 없다. 조급하게 지름길을 찾았다가는 막다른 골목 같은 미숙함에 이른다."[1] 사실 영적 성숙에 조급하다는 것은 아직 미숙하다는 증거다.

로렌스 형제는 특별히 열정적인 한 수녀에 대해 언급한 적이 있다. "그녀의 마음은 올바른 것 같은데 은혜를 앞질러 빨리 전진하고 싶어 한다. 하루아침에 성자가 될 수는 없는 노릇이다!"[2] 우리는 모두 그 수녀처럼 은혜의 속도보다 더 빨리 전진하려고 애쓰지 않는가?

이블린 언더힐(Evelyn Underhill)을 비롯한 여러 사람의 영성을 지도했던 프리드리히 폰 휘겔(Friedrich von Hugel) 남작은 자신이 일찍이 영성 사역자에게 들었던 성품의 성장에 관해 다음과 같이 이야기한다.

열여덟 살에 도덕과 종교의 훈련을 받기로 결심했을 때 나를 가르친 훌륭한 스승인 도미니크회 수도사는 경고했다. "그대는 덕을 기르고 하나님을 섬기고 그리스도를 사랑하고 싶습니까? 그렇다면 정진과 성장의 여러 단계에서 만나는 영적 고립과 어둠과 공허함 속에서 몇 주고 몇 달이고 기꺼이 머물면서 천천히 확실하게, 내실을 기해, 가파른 산을 오르듯 정진하고 성장해야 그대가 원하는 것을 이룰 수 있습니다. 일정한 빛, 그대의 느낌에 따른 최선을 구하는 모든 요구, 십자가와 고난을 없애거나 축소하려는 모든 노력은 무척 어리석고 미숙하고 경박한 짓입니다."[3]

폰 휘겔의 말에서 알 수 있듯이 덕성의 함양은 더디다. 단거리 경주를 하듯 덕을 기를 수는 없는 노릇이다. 그리스도를 본받는 것은 날마다 꾸준히 한 걸음씩 정진하는 여행이다. 어지간한 자극에는 꿈쩍도 하지 않는 우리의 마음과 정신에는 지루한 여행으로 들린다. 우리는 하나님과의 관계가 늘 하나님을 느끼고 기분이 좋은, 끝없는 밀월 관계여야 한다고 여기는 듯하다. 결혼 생활을 몇 년이라도 해본 사람은 그게 비현실적인 기대라는 것을 안다. 하지만 우리는 또한 결혼 초기의 표면적인 기쁨보다 더 풍성하고 깊은 성장과 성숙이 가능하다는 것도 안다.

덕성의 성장은 우리의 바람보다 더딜 뿐 아니라 정의하기도 어렵다. 나보다 나이가 많은 교역자들과 영적 성숙에 대해 이야기한 적이 있다. 우리는 영적 성숙을 어떻게 이루는지, 어떻게 설명하고 정의할지 머리를 맞대고 궁리했다. 어떤 결론이 났을까? 아무도 명쾌하게 설명하지 못했다. 영적 깊이를 단순히 지식으로 측정할 수 없다는 데는 모두 동의했지만 충실한 개념 설명은 어떻게 하는 게 좋을지 갈피를 잡지 못했다. 그 후 몇 년이 흘렀다. 나는 여전히 영적 성장과 성숙에 대한 정의를 내리지 못하지만 배운 것 몇 가지를 나누고 싶다.

나는 폴 허시(Paul Hersey)와 켄 블랜차드(Ken Blanchard)의 《조직 행동의 관리》(Management of Organizational Behavior, 경문사)를 읽으면서 변화의 개념을 영적 성숙과 계발에 적용해보았다. 두 사람은 이렇게 말한다.

지식은 쉽게 변하지만 태도는 쉽게 변하지 않는다. '긍정적으로든 부정적으로든 감정이 얽힌' 태도의 체계는 지식의 체계와 다르다. 행동의 변화는 특히 더 어렵고 지식과 태도의 변화보다 시간이 더 오래 걸린다. 하지만 집단이나 조직의 행동 변화를 일으키는 일은 가장 지난하고 시간이 오래 걸린다.[4]

문득 지식, 태도, 개인적 행동, 사회적 행동의 네 가지 영역에서 영적 성장과 성숙에 대해 고민해보면 어떨까 하는 생각이 들었다. 예를 들면 개신교 복음주의 전통에서 성인 시절을 보낸 나는 배움과 실천에 열심이었다. 태도에 관심을 둔 적은 거의 없다. 하지만 시간이 흐를수록 나는 예수님이 태도와 마음의 문제에 큰 관심을 두셨다는 데 주목했다. 우리는 무언가를 배운 후 새로운 배움에 저항하는 자아에 대해 깊이 반성하지 않고 무작정 행동하기 때문에 성장하지 못한다. 내 안에는 좋은 습관과 행동 변화에 반대하는 저항력이 나도 모르게 숨어있다. 이것 때문에 행동의 변화가 몸에 붙지 않는다. 사실 하나님의 영에 의해 움직이는 게 아니라 하나님을 무시하는 세상에서 자라면서 형성된 내면의 뒤틀린 욕망에 의해 움직이는 전제, 신념, 기대, 욕구 따위가 내 안에 존재한다. 행동을 바꾸려고 해도 마음과 생각에 자리한 그 부분을 그대로 둔다면 조금도 진보할 수 없다.

예수님의 가르침, 특히 몇 가지 비유가 떠오른다. 예를 들면 파종하는 농부의 비유에서 예수님은 길가, 바위, 가시떨기, 좋은 땅에 심은 씨앗의 결실에 대해 설명하신다. 예수님이 지적하시는 부분은 복음을 듣는 사람의 마음과 태도다.

씨앗이 전혀 자랄 수 없는 '길가'에 대해 언급하신 후 예수님은 '바위' 곧 얕은 표토에 떨어진 씨앗에 대해 말씀하신다. "말씀을 들을 때에 기쁨으로 받으나 뿌리가 없어 잠깐 믿다가 시련을 당할 때에 배반하는 자"(눅 8:13)를 비유한 부분이다. 이런 사람은 처음엔 열정과 기쁨으로 빠르게 성장하지만 시련과 고난이 닥치면 급속하게 복음을 의심한다. 그들은 참을성이 없다. 기쁨만 있을 것으로 기대했던 탓에 시련을 만나자 당황한다. 얕은 표토는 그들이 복음의 진리를 피상적으로 받아들였음을 말한다.

다른 씨앗은 돌밭 대신 가시떨기에 떨어지는데 가시떨기는 "말씀을 들은 자이나 지내는 중 이생의 염려와 재물과 향락에 기운이 막혀 온전히 결실하지 못하는 자"(눅 8:14)를 상징한다. 이런 씨앗은 걱정, 탐욕, 정욕 같은 잡초에 짓눌려 새순이 성장하지 못한다. 이런 마음 상태에서는 하나님의 말씀과 방법이 온전히 자라서 열매를 맺을 수 없다. 그들은 획득하고 소유해야, 소비하고 써야 잘사는 것이라고 여기는 실수를 저지른다. 이는 미숙한 관점이다.

하지만 비옥한 땅에 떨어진 씨앗이 있다. 씨앗은 자라서 "백배의 결실을" 한다. "좋은 땅에 있다는 것은 착하고 좋은 마음으로 말씀을 듣고 지키어 인내로 결실하는 자"다(눅 8:8, 15). 씨앗이 내실과 성숙에 이르는 착하고 좋은 마음(땅)에 다시 주목하자. 성숙에 이르는 데는 시간이 걸린다. 느긋하게 인내할 줄 알아야 한다. 다른 방법으로는 풍성한 결실을 거둘 수 없다. 하나님의 말씀을 받는 가장 효과적인 방법은 오직 잡초가 없는 순수하고 훌륭한 심성이다. 이런 비옥한 땅은 실망에 맞선 군건한 마음, 인내하고 결코 포기를 모르는 마음이다.

리더의 역할

그리스도의 제자는 자신이 스스로 성숙할 수 없음을 알아야 한다. 사실 우리는 하나님이 쓰시는 다양한 사람의 도움이 필요하다. 동료 그리스도인들은 우리를 어떻게 응원하고 도울 수 있을까? 또 우리는 하나님이 보내신 사람들의 성장을 어떻게 도울 수 있을까?

우선 바울이 말하는 중요한 사실부터 확인하자.

그가 어떤 사람은 사도로, 어떤 사람은 선지자로, 어떤 사람은 복음 전하는 자로, 어떤 사람은 목사와 교사로 삼으셨으니 이는 성도를 온전하게 하여 봉사의 일을 하게 하며 그리스도의 몸을 세우려 하심이라 우리가 다 하나님의 아들을 믿는 것과 아는 일에 하나가 되어 온전한 사람을 이루어 그리스도의 장성한 분량이 충만한 데까지 이르리니(엡 4:11-13).

이런 리더들은 그리스도가 백성에게 주시는 선물이다. 그들은 우리가 몸의 유익을 위해 최선의 것을 드릴 수 있도록 돕는다. 나는 하나님이 쓰시는 재능 있는 사람들에게 고마움을 느낀다. 그들은 내 길의 장애물을 제거하고 이정표 역할을 하고 치유를 돕고 나도 다른 사람을 도울 수 있게 용기와 힘을 북돋아주었다. 하나님이 세우신 리더들 덕분에 나는 하나님을 더욱 깊이 신뢰하고 그리스도를 친밀하게 만났다. 사실 내가 그리스도를 본받아 성장한 것은 그들의 힘이 컸다. 그들은 하나님이 주시는 훌륭한 선물이다.

셜리 카터 휴슨(Shirley Carter Hughson)은 여러 사람의 성장을 돕는 그리스도인이다. 그는 오랫동안 뉴욕에서 성공회 대수도원장으로 일했다. 그는 느긋하게 일하면서 다른 사람들이 풍성한 결실을 거둘 수 있게 도와야 한다고 말했다.

바울 사도는 '성령의 열매'에 대해 말할 때 자연에서 관찰한 과정을 염두에 둔 게 틀림없다. 나무에서 좋은 열매가 열리는 것은 햇빛과 비, 살가운 바람 속에서 농부가 몇 년에 걸쳐 재배하고 비료를 주고 병충해를 예방했기 때문이다. 농부가 한 해 동안 이 모든 일을 서둘러 해봤자 갑자기 나무에서 좋은 열매가 열리지는 않는다.

지혜로운 리더는 이런 원칙을 알고 있다. 그들은 일관되게 지속적으로 인내하면서 가르쳐야 한다는 것을 안다. 하나님의 은혜로 나아가는 법을 사람들에게 가르치는 일은 성취할 과업이 아니라 가꿔야 할 관계임을 그들은 이해한다. 이런 원칙의 기독교 리더십이 있는 사람들은 거

짓된 삶의 방식에 저항하는 힘을 기르며 '변함없이 이끄시는 성령을 따르는' 법을 배운다.[5]

그런 리더는 사역의 목표를 위해 사람들을 이용하지 않고, 그들을 섬기고 그들이 하나님 나라를 위해 자신의 소명에 헌신하도록 돕는다. 하나님은 우리 각자가 예수님과 생명을 나누고 그분을 본받아 온전히 성장하길 바라신다. 리더는 몸 안에서 성숙해가는 것에 직접적인 책임이 크지 않겠지만 하나님의 모든 백성이 서로의 성숙에 책임을 지도록 준비시켜야 한다. 이것은 의욕적인 목표이지만 하나님의 도움 없이는 감당할 수 없는 목표이기도 하다.

무엇보다 자신이 지도하는 사람들을 위해 기도하는 일이 가장 어렵다. 바울은 골로새 성도들에게 편지를 쓰면서 동역자인 에바브라를 언급한다. "그가 항상 너희를 위하여 애써 기도하여 너희로 하나님의 모든 뜻 가운데서 완전하고 확신 있게 서기를 구하나니"(골 4:12). 리더들은 흔히 교육, 기획, 설교, 조직, 상담 따위의 공적 사역의 힘은 지나치게 강조하는 반면 조용한 기도의 힘은 별로 강조하지 않는다. 내가 말하는 기도는 상황의 변화를 위해 비는 기도가 아니라 개인의 마음과 예수님과의 관계 또 이웃과의 관계에서 일어나는 일에 주목하는 영혼의 기도다. 에바브라처럼 신자들이 불안하게 흔들리는 곳에서 굳건히 서기를 꾸준히 기도로 씨름하면(골 4:12) 우리의 제자훈련 사역은 추진력을 얻을 것이다.

하나님이 리더들에게 선물로 보내신 유진 피터슨 역시 비슷한 지적을 한다. 그는 지속적인 관심을 가지고 하나님 백성의 성숙을 위해 일할 기독교 리더들이 필요하다고 말한다. 그는 새롭게 도전하고 단기에 성취할 수 있는 사역을 찾아 교회를 전전했던 목사의 이야기를 들려준다. 피터슨이 목사에게 말했다. "수 세기 동안 교회가 중점적으로 했던 일은 느긋하게 인내하면서 그리스도 안에서 성장하는 일이었습니다." 그러나 목사는 "내[피터슨의] 말을 무시했다. 그는 도전적인 일이 좋다고 말했다. 나는 그의 말투와 몸짓에서 그가 말하는 도전적인 일이란 사십 일 안에 완수할 수 있는 일임을 알았다. 결국 예수님께 필요했던 시간이 사십 일이었으니까".[6]

겨우 몇십 년에 불과한 사역을 돌아보면서 내가 말할 수 있는 것은 단기에 이룬 성과나 프로그램의 성공은 큰 감흥을 주지 않는다는 것이다. 나는 그리스도의 생명을 전했던 사람들, 예수님께 뿌리를 깊게 내렸던 사람들의 삶에서 기쁨을 느낀다. 더디고 길었지만 아깝지 않은 시간이었다.

최근에 북캘리포니아의 와인 생산지를 방문할 기회가 있었다. 우리는 포도원과 양조장 주인 브라이스(Brice)를 만나 이야기를 나누었다. 그의 포도주 양조장에는 방문객을 위한 와인 시음 공간이 없었지만 그는 친절하게도 우리를 직접 환대했다. 오 년 전 그는 프랑스의 포도주 양조 기술자들에게 건지 농법에 대해 들었다. 건지 농법은 사람이 물을 대지 않고 자연에서 공급되는 물에만 의지하는 농법이다. '오직 하나님이 주시는 물'이라고 말할 수 있다.

그들은 몇 년에 걸쳐 포도의 인공 관개 의존성을 없앨 계획을 세웠다. 그에 따르면 포도는 인공 관개에 '중독'되어있었다. 또한 관개에 의해 자라는 포도는 스스로 필요한 물을 찾아 뿌리를 내릴 필요가 없기 때문에 뿌리가 작은 양파 모양의 공처럼 뭉친다. 건강한 포도라면 뿌리도 지상의 덩굴 못지않게 무성하게 자라야 하지만 인공 관개로 자라는 포도는 뿌리가 부실하다.

주변에는 건지 농법 포도원이 드물었지만 그는 선뜻 농법을 바꿔보고 싶었다. 농법 전환에 따른 비용은 상당했다. 인공 관개를 줄인 첫해 소출량은 45퍼센트 감소했다. 관개 시절의 수확량을 회복하는 데 몇 년이 걸렸다. 농법 전환이 완료된 지금, 과거에 비해 소출량은 조금 줄었지만 포도 품질은 월등히 높아졌다. 어느 해 폭우가 내리자 건지 농법의 효험이 나타났다. 포도가 자라는 시기의 초기에 내린 폭우로 대다수 포도원의 포도가 전부 썩어버렸다. 하지만 그가 기르는 포도는 늘 일찍 여물었기 때문에 폭우가 내리기 전에 포도를 수확할 수 있었다.

내가 아는 여러 그리스도인에게 이 이야기의 의미를 적용해보았다. 바깥에서 영양분을 공급하는 목사, 스승, 교사 들에게 의존하는 사람이 적잖다. 결국 그들의 뿌리는 비교적 허약하다. 그들은 스스로 뿌리를 내려서 생기와 영양분을 찾는 법을 배우지 못했고, 그렇게 할 수 있다는 것도 몰랐다. 교회와 사역의 방향을 예수님께 직접 양분을 얻는 그리스도인을 세우는 쪽으로 튼다면 먼저는 한 철 혹은 여러 철 동안의 불평과 '열매'의 손실이 있을 것이다. 하지만 그들에게 내실 있는 삶의 변화가 일어나지 않을까? 뿌리가 튼튼해져서 더 이상 다른 사람에게 자신의 성장을 의존하지 않고, 오히려 영양분과 활력을 나누는 사람이 되지 않을까? 이런 면에서 교회와 사역의 '건지 농법'은 실험해볼 만한 일이다.[7]

그런 실험은 퀘이커파 작가 토머스 켈리(Thomas Kelly)의 말마따나 "소박하게 믿는 어린이 같은 하나님의 소박한 자녀"가 되는 그리스도인들을 낳을 것이다. 그가 이어서 말한다.

복잡함을 뛰어넘는 단순함. 세련됨의 저편에 있는 소박함. 이게 하나님 나라를 위해 종교적으로 바쁘게 움직이는, 미숙한 시대가 끝난 후에 이어지는 영적 성숙의 시작이다. 그런데도 영혼의 성장이라는 미숙한 계발의 감옥에 갇힌 사람이 얼마나 많은지 모른다.[8]

영적으로 미숙하여 활동에 분주한 우리를 건져내고, 우리가 느긋하게 일하며 풍성하게 거둘 수 있도록 인도할 리더가 많아지길 기도한다.

영적 성숙

산상수훈에서 예수님은 단도직입적으로 성숙을 권하신다. "그러므로 하늘에 계신 너희 아버지의 온전하심과 같이 너희도 온전하라"(마 5:48). 나는 이 구절을 완벽주의자가 되라는 말씀으로 이해하고 싶은 충동을 억누르고, 하늘에 계신 거룩하신 아버지를 만나서 누리는 변화의 친교로 부르시는 주님의 초대로 받아들인다. 여기서 말하는 성숙은 나 스스로 하나님을 위한답시고 완벽을 기하는 것이 아니다. 영적 성숙은 나를 사랑하시는 아버지와 더불어 살 때 그 결과로 생기는 반가운 열매다. 따라서 성숙의 척도는 '사람'의 기준이 아니라 하늘 아버지의 완전한 사랑이다. 물론 이런 영적 성숙은 단번에 이룰 수 없다.

히브리서 필자는 이렇게 경고한다.

> 때가 오래되었으므로 너희가 마땅히 선생이 되었을 터인데 너희가 다시 하나님의 말씀의 초보에 대하여 누구에게서 가르침을 받아야 할 처지이니 단단한 음식은 못 먹고 젖이나 먹어야 할 자가 되었도다 이는 젖을 먹는 자마다 어린아이니 의의 말씀을 경험하지 못한 자요 단단한 음식은 장성한 자의 것이니 그들은 지각을 사용함으로 연단을 받아 선악을 분별하는 자들이니라(히 5:12-14).

내가 자란 복음주의 교회에서 선생님들은 '우유'는 간단하고 기초적인 가르침이고, '고기'는 어렵고 심오한 가르침이라고 설명했다. 이런 정의는 지식적인 부분만 다루는 듯하다. 정작 여기서 말하는 젖과 단단한 음식은 '의의 말씀'에 관한 것이다. 영적으로 성숙한 사람은 단단한 음식을 먹고 소화시켜 의가 자란다. 그들은 꾸준한 섭취 덕분에 선악을 분별하는 힘까지 기른다. 그들은 더 이상 아무것이나 입으로 가져가는 아기가 아니라 좋은 것을 가려서 먹고 또 그래야 하는 어른이다.

그리스도인들에게 영적 성숙을 추구하라고 일침을 놓은 히브리서 필자는 "죽은 행실을 회개함과 하나님께 대한 신앙… 에 관한 교훈의 터를 다시 닦지 말"(히 6:1-2)라고 지시한다. 히브리서 필자는 영적 성숙의 기초 몇 가지를 더 말하지만 나는 두 가지만 강조하고 싶다.

첫째, 예수님을 따를 때는 처음부터 죽음을 떠나 생명으로 향해야 한다. 우리가 '무엇'에 순종할 것인지에 더해 '어떻게' 순종할 것인지를 배워야 죽음을 떠나 생명으로 향하는 기초적이고 필수적인 변화가 일어난다. 나머지 초석은 오직 하나님을 믿는 것이다. 신실하신 아버지를 믿는 힘이 자라야 성숙한다. 믿음은 성숙한 그리스도인의 사고와 소망, 깊은 확신으로 스며들어 이 세 가지를 가득 채운다.

바울은 히브리서 필자처럼 '성숙'한 사람을 위한 지혜 곧 "이 세상의 지혜가 아니요 또 이 세상에서 없어질 통치자들의 지혜도 아니요 오직 은밀한 가운데 있는 하나님의 지혜를 말하는 것으로서 곧 감추어졌던 것인데 하나님이 우리의 영광을 위하여 만세 전에 미리 정하신 것"(고전 2:6-7)에 대해 말한다. 이해력이 성숙한 사람은 문화나 이른바 시대의 전문가들이 내놓은 인습적 지혜의 속박에서 서서히 풀려난다. 영적으로 이해력이 성숙한 사람은 감추어놓아도 준비된 자의 눈에는 점점 더 드러나는 하나님의 지혜를 인식한다. 영적으로 성숙한 성도는 또한 인기 있는 권위자들이 약속하는 '신속한 보장'과 "똑똑하고 다 아는 체하는 사람들에게는 숨기시고, 평범한 사람들에게는 분명히 밝히"(마 11:25-26, 메시지)시는 하나님의 느긋한 지혜의 차이를 구분할 수 있다. 하나님은 바울을 통해 우리에게 "지혜에는 아이가 되지 말고 악에는 어린아이가 되라 지혜에는 장성한 사람이 되라"라고 분부하신다(고전 14:20). 성숙이란 어린아이의 순진함은 버리되 악에 물들지 않는 순수함은 지키는 것이다.

태도와 관점

영적으로 성장하는 그리스도의 제자는 어떤 태도와 관점을 가지고 있을까? 요한 사도가 그 문제에 대해 쓴 편지가 있다.

요한은 요한1서에서 이렇게 말했다. "아비들아 내가 너희에게 쓰는 것은 너희가 태초부터 계신 이를 알았음이요 청년들아 내가 너희에게 쓰는 것은 너희가 악한 자를 이기었음이라 아이들아 내가 너희에게 쓴 것은 너희가 아버지를 알았음이요"(요일 2:13-14). 아비들은 영원한 아버지를 알게 되었고, 조금 앞서서 믿음의 여행을 하고 있다. 그리스도인은 사랑의 아버지를 친밀하게 깊이 알아야 성숙할 수 있다. 성숙한 그리스도인들은 초보 여행자들에게 관심을 보이고 용기를 주며, 그들이 아버지의 사랑과 보호를 믿으며 자라도록 돕는다. 이런 믿음의 아비들은 또한 인생의 잘못된 길에서 고민하는 새 신자에게 따뜻한 조언을 건네고 자유와 생명이 넘치는 하나님의 임재에 거하도록 격려한다.

바울이 빌립보서에 남긴 글이다. "푯대를 향하여 그리스도 예수 안에서 하나님이 위에서 부르신 부름의 상을 위하여 달려가노라 그러므로 누구든지 우리 온전히 이룬 자들은 이렇게 생각할지니 만일 어떤 일에 너희가 달리 생각하면 하나님이 이것도 너희에게 나타내시리라"(빌 3:14-15). 즉 인생에 대한 성숙한 관점은 예수 그리스도만을 또렷이 바라보는 것이다. 앞서 바울은 인생의 여러 유익한 것에 대한 자신의 태도를 밝혔다.

> 그러나 무엇이든지 내게 유익하던 것을 내가 그리스도를 위하여 다 해로 여길 뿐더러 또한 모든 것을 해로 여김은 내 주 그리스도 예수를 아는 지식이 가장 고상하기 때문이라 내가 그를 위하여 모든 것을 잃어버리고 배설물로 여김은 그리스도를 얻고(빌 3:7-8).

모든 좋은 것은 선하신 하나님 한 분 안에서만 온전히 누릴 수 있음을 배워가는 긴 여행에서 얻는 결실, 이게 성숙이다. 예수님 안에 온전히 거하고 모든 축복을 음미할 수 있는 능력은 온전함을 향해 느긋하게 여행하는 그리스도인의 열매다.

히브리서 필자는 다시 바울의 가르침과 같은 맥락에서 "[예수]는 그 앞에 있는 기쁨을 위하여 십자가를 참으사 부끄러움을 개의치 아니하시더니 하나님 보좌 우편에 앉으셨"으니 "믿음의 주요 또 온전하게 하시는 이인 예수를 바라보"는 인생의 여행으로 성도들을 재촉한다(히 12:2). 우리로 믿음의 여행을 떠나게 하신 분도 예수님이고 우리로 온전한 성숙에 이르게 하실 분도 예수님이다. 믿음이 성숙한 사람은 예수님께 시선을 고정시키고 자신의 관점과 기대, 사고의 지평을 그분으로 채운다.

성숙으로
이끄는 생명

성숙한 그리스도인의 태도와 관점에 이어 행동에 대해 살펴보자. 첫 단서는 예수님의 대화에서 찾을 수 있다.

영생을 얻고 싶은 부자 청년이 가르침을 청하자 예수님은 "네가 온전하고자 할진대 가서 네 소유를 팔아 가난한 자들에게 주라 그리하면 하늘에서 보화가 네게 있으리라 그리고 와서 나를 따르라"(마 19:21)고 말씀하셨다. 성숙한 사람이 되기 위해 영적 여행을 떠난 여행자는 좋은 것일지라도 자신이 집착하는 것을 기꺼이 버릴 수 있어야 한다. 하나님은 재물에 과도한 집착을 보이는 사람에게 재물을 버리고 빈손으로 하나님을 맞이하라고 말씀하실지 모른다. 주님을 사랑하여 순종하는 사람은 영적 성숙에 이를 것이다.

야고보는 말조심을 강조하면서 여행자에게 지혜로운 조언을 보탠다. "우리가 다 실수가 많으니 만일 말에 실수가 없는 자라면 곧 온전한 사람이라 능히 온몸도 굴레 씌우리라"(약 3:2). 성숙한 믿음은 성령의 지도를 받은 사람의 은혜로운 말에서 나타난다. 믿음이 성숙한 사람은 조종 대신 사랑이, 냉정함 대신 따뜻함이, 절망 대신 기쁨이 말에서 넘친다.

더욱이 요한은 요한1서에서 이렇게 말한다. "사랑 안에 두려움이 없고 온전한 사랑이 두려움을 내쫓나니 두려움에는 형벌이 있음이라 두려워하는 자는 사랑 안에서 온전히 이루지 못하였느니라"(요일 4:18). '사랑 안에서 온전히 이룬' 자는 성숙한 그리스도인이다. 그리스도의 성숙한 제자는 또한 자신이 사랑받고 있다는 사실을 점점 더 느끼며, 그 같은 깨달음은 다른 사람을 사랑하는 모습에서 분명히 나타난다. 그런데 복음주의 그리스도인들은 누구를 어떻게 사랑하는가보다 무엇을 알고 있는가로 영적 성숙을 판가름하려는 경우가 너무 많다. 부정확한 기준을 가지고 있는 것은 두려움 때문인지도 모른다. 우리를 가장 사랑하시는 분 곁에서 편하게 머물수록 우리는 더 온전하고 거룩하게 살 수 있다.

교회의 영성 훈련

리더들이 그리스도인들의 성장을 어떻게 돕고 있는지, 또는 방치하는지 살펴보았다. 이제 다양한 교회와 사역이 진행하는 영성 계발에 대한 이야기를 해보자. 요즈음 교회 리더에게 그리스도인의 성장을 돕는 전략에 대해 물으면 대다수는 영성 훈련 계획이나 전략, 프로그램을 소개할 것이다. 어떤 것인지 살펴보자.

호칭 변경. 때로 교회는 기존 직함(교육, 소그룹, 장년부 목사/팀장)이나 프로그램명(성인 주일학교, 제자훈련)에 단지 '영성 계발'이라는 표현을 집어넣어 호칭을 바꾼다. 리더는 새 직함, 새 명함, 새 현판을 받는다. 모임이나 프로그램도 새 이름으로 부른다. 이름을 바꾸면 내용도 바뀌리라 여기는 듯한데 변화는 거의 일어나지 않는다. 당연한 사실이다. 성도들은 새로운 일인 줄 알고 시작하지만 곧 변한 게 아무것도 없음을 알게 된다.

커리큘럼 개편. 목회팀은 영성 계발과 관련된 주제의 연속 설교를 기획하든지 소그룹이나 청소년, 성인을 대상으로 새로운 영성 훈련을 시작한다. 목사들은 영성 계발에 관한 도서를 추천하거나 아예 교회 서점 또는 도서관에 책을 구비하기도 한다. 이름만 바꾸는 것보다야 훨씬 낫지만 사실 영성 훈련에 '관한' 정보 학습으로 '실제' 변화가 일어나리란 보장은 없다. 지식 학습은 영성 훈련의 필수 과정이지만 그게 전부는 아니다. 사실 교회가 콘텐츠 전달에 너무 집중하면 성도들에게 소화도 실천도할 수 없는 통찰이 차츰 익숙해져버리는, 뜻하지 않은 역효과를 부른다. 주말에는 설교를 듣고, 소그룹 영성 훈련에도 참석하고, 관련 도서까지 독파하는 그리스도인을 떠올려보라. 그는 은연중에 자신이 배운 훈련은 모두 실천이 불가능하다고 생각할 것이다. 여러 가지 훌륭한 통찰은 우리를 짓누르기도 하고, 성령의 인도와 능력에 기대어 살아가는 생활 지침은 머리로만 동의하는 관념으로 굳어버리기도 한다. 그리스도를 본받아 실천하는데는 시간이 걸린다.

특화 사역. 교회는 영성 계발에 관심을 가지는 사람들을 위해 일정한 수준의 훈련과 경험, 지도를 제공하는 특화 사역을 추가한다. 그런 교회는 영성 계발을 관심사의 하나로 여기고 교회 사역 활성 방안으로 이용한다. 따라서 영성 계발은 날로 증가하는 교회 프로그램 뷔페에 추가되는 음식처럼 성경 공부, 선교, 전도, 중보 기도, 소그룹 틈에서 성도들의 시간과 관심을 두고 경쟁해야 한다. 성도들은 좋아하는 것 위주로 취사선택한다. 이런 태도는 은연중에 교회에 만연한 소비자 중심주의에서 비롯했다. 또한 교회는 이를테면 전도팀 성도에 비해 내성적이고 차분한 성격의 성도가 영성 계발에 관심을 가질 것이라고 가정한다. 하지만 그렇지 않다. 영성 계발은 모든 성도의 성장에 필수적인 과정이고 교회의 '모든 것'이 자라는 토양이다. 애석하게도 교회는 그것을 모른다.

사람은 영적, 일은 영점. '사람은 영적인데 일은 영점이다.' 유진 피터슨의《목회자의 소명》(*Under the Unpredictable Plant*, 포이에마)에 나오는 표현이다. 그리스도를 친밀하게 만남으로 '개인'의 영혼은 변하지만 실제 사역에나 일하는 방식에는 변화가 미미한 리더들을 일컫는 말이다. 물론 설교와 가르침에는 변화가 있지만 사역 방식에는 큰 차이가 없다. 개인의 영적 회복과 부흥, 변화는 지도 방식의 변화로 이어지지 않는 듯하다. 인생의 가치와 사역의 가치가 서로 어긋난다.

사역 체계의 영적 변화. 리더의 개인적 변화는 사역 '방식'의 변화로 파급된다. 변화는 교육, 설교, 소그룹이나 주일학교 교과 과정, 관심사에 따른 특화 사역에 국한되지 않는다. 변화는 전략과 프로그램 기획, 정책과 회계뿐 아니라 리더들의 역할과 협력에서까지 일어난다. 제왕적 리더십은 찾아볼 수 없고 전적으로 하나님께 의존한다. 리더들은 기획과 의사 결정 회의에서 영적 활동 시간을 넉넉하게 마련한다. 이때 쓸 만한 좋은 질문이 있다. '당신은 삶과 사역에서 기도로 계획을 세우는가? 기도와 기획은 친밀한 동지인가, 사무적인 관계인가, 이름만 아는 사이인가? 당

신은 처음부터 기도하는가, 끝에 가서야 기도하는가?'

　이를테면 당회를 시작하면서 잠시 기도나 묵상을 하지만 참석자 대부분은 그게 회의의 '핵심'이 아니라 핵심을 위한 '준비' 작업이라는 것을 말하지 않아도 안다. 핵심은 회의 안건, 행사 따위다. 기획이나 의사 결정에 앞서 짧게나마 기도하는 것이 유익하다는 분위기 같다. 교회가 진심으로 영적 변화를 추구하면 당회는 사뭇 달라질 것이다. 그들은 상당히 오랫동안 성경을 묵상하고 하나님의 인도에 순종하여 의사 결정을 내리고 계획을 세울 것이다. 그들은 또한 특별한 사람과 문제에 대해 기도하면서 하나님 말씀에 귀를 기울일 것이다. 그들은 하나님을 바라봄으로 지혜를 얻고 낙천적인 태도를 가지고 영적으로 하나가 되고 창조적으로 문제를 해결하고 일을 진취적으로 실행할 것이다. 그들은 하나님의 임재와 지도를 간절히 바라면서 그분의 뜻과 바람이 반영된 사역을 해나갈 것이다.

깊이 있는 성장

나는 그리스도인의 성장에 대한 이야기에서 '깊이'라는 말을 자주 듣는다. 복음주의 그리스도인들이 흔히 쓰는 '깊이'라는 말은 신학적, 성경적, 교리적으로 풍부하고 심오하다는 뜻일 것이며, 아마도 대부분 지식의 깊이를 의미할 것이다. 하지만 깊이에는 여러 가지가 있다. 영혼의 깊이는 하나님과의 관계, 또 다른 사람과의 사이에서 일어나는 일을 가리킨다. 영적 깊이는 내가 생의 매 순간 하나님을 이해하고 순종하는 수준을 뜻한다. 마음의 깊이도 있다. 곧 하나님과 사람들에게 정서적으로 반응하고, 순종하는 모습을 통해 내가 하나님을 사랑하는 것을 기꺼이 보여준다. 우리는 인생의 모든 면에 깊이를 더하시는 하나님께 마음을 열고 있는가? 우리는 영혼의 일, 하나님과의 교제, 성도의 친교, 불신자와의 사귐으로 깊이 들어갈 것인가? '지성'의 깊이에 안주하지 않고 깊은 '생명'을 추구할 것인가?

우리는 평생 자라는 존재이므로 성장과 성숙에 대해 느긋한 자세를 갖추면 자유와 용기를 얻는다. 변화 없이 똑같은 신앙생활을 해마다 반복할 필요가 없다. 나는 하나님의 사랑을 새롭고 깊게 이해하며, 사역을 통해 그 사랑을 다른 사람에게 새로이 표현할 것이다. 오 년 후 나는 영적으로 지금과 다름없는 사람으로 남지 않을 것이다. 하나님이 주신 모든 일에 '더디지만 확실히' 뿌리를 깊게 내릴 것이다. 한 번도 나지 않았던 곳에서 새 가지가 자랄 것이다. 옛 가지들은 전지가위에 의해 잘렸으니까. 나는 하나님이 내가 상상하는 것 이상으로 내 인생이 풍성하길 바라신다고 믿는다.

"그리스도인의 성숙은 하나님을 위해 일을 많이 하는 문제가 아니다. 하나님이 우리 안에서, 또 우리를 통해서 일을 많이 하셔야 한다. 미숙함은 불안으로 불타는 자만심으로 소란스럽다. 성숙은 겸손하게 순종하는 생활을 추구하는 데 말없이 만족"[9]하므로 나는 확신을 가지고 성장할 것이다. 이런 확신이 당신의 마음에도 뿌리내리길 기도한다. 또한 당신이 용기를 내어 하나님이 인도하시는 길을 따라 꾸준히 걸어가길 기도한다.

1   영적으로 성장하는 데 어떤 조급함을 가지고 있는가? 주위 사람들은 어떠한가? 조급함은 당신의 성장을 어떻게 방해하는가?

2   예수님을 언제 처음 믿고 따르기 시작했는가? 성장과 성숙의 초기 모습은 어땠는가? 성장과 성숙이 이루어지다가 침체할 때는 어떤 모습이었는가?

3   누군가가 "예수님의 제자로 성장하고 있음을 어떻게 알 수 있습니까?"라고 물으면 뭐라고 대답하겠는가?

10장 영성 훈련으로
여유를 얻으라

이십 년 전 그날 일이 마치 어제 일처럼 생생하다. 내 인생의 분기점에 해당하는 하루였다. 나는 풀러 신학대학원 재학생이었다. 가까운 큰 교회로 가서 하나님과 단둘이 세 시간을 보내는 수업이었다. 그날 나는 이런 글을 썼다.

주님, 주님과 단둘이 세 시간 동안 무얼 해야 할지 모르겠습니다. 주님을 더 많이 알고 싶지만 지금 제가 아무것도 할 수 없다는 게 싫습니다. 생각과 마음을 가라앉히고 주님께 기도할 수 있도록 해주세요. 주님께 나아갈 힘을 주세요.

주님은 내 아버지, '아빠'가 되신다. 나는 그 사실을 되새길 필요가 있다. 하지만 그게 지금 무슨 도움이 될지 모르겠다. 한동안 탁자에 앉아 있었는데 그네를 타고 싶은 마음이 계속 든다. 한편으로는 '그네를 타고 싶지 않아. 다 큰 어른이 창피하게 무슨 그네를 타'라는 반발심도 생긴다. 게다가 여기 있는 그네는 다섯 살 꼬마들이 타는 것이지 스물아홉 살 어른이 타는 게 아니다. 내가 앉으면 그네는 끊어질 것만 같다.

이런 시답잖은 생각은 어디서 왔을까? 악한 자가 나를 방해하는 걸까? 이렇게 해서 '그'가 얻는 게 뭘까? 아무것도 없다. 단순히 내 생각일까? 천만에! 이 나이에 그네를 타는 것은 창피한 일이다. 주님, 이게 주님이 주신 생각이라면 대체 무슨 일을 꾸미시는 겁니까? 이건 터무니없는 짓이다. 놀이터에 있는 엄마들이 나를 어떻게 생각할지 걱정이지만 그것 외에는 달리 핑곗거리도 없다. 그래, 순종하는 마음으로 그네에 앉는다.

마침내 앉았다. 바보처럼 느껴지고 마음이 불편했지만 그네에 앉았다. 그네를 앞뒤로 흔들자 이런 생각이 들었다. '나는 어른 대접을 받고 싶어. 다른 사람의 지배를 받는 무기력한 사람이 되고 싶지 않아. 나약한 사람이 되는 게 싫어.'

이런 생각을 하고 있는데 문득 하나님의 말씀이 들리는 듯하다. "나를 만나려면 어린아이처럼 나를 아빠라고 불러야 한다." 그런데 하나님의 귀한 사랑이 고맙기는커녕 화가 났다. 나는 이렇게 기도했다. "하나님을 아빠라고 부르는 게 불손하고 경박하게 들립니다. 하나님을 아빠라고 부르는 사람을 보면 하나님을 가벼운 친구 정도로 여기는 듯합니다. 하지만 가만히 보니 저는 하나님의 명예보다는 제 평판에 더 관심을 가지고 있는 것 같습니다."

"아빠, 용서해주세요. 저는 아빠가 사랑하시는 어린아이입니다. 아빠의 어린 자녀가 된다는 건 희소식입니다. 부드러운 사랑으로 보호해주셔서 고맙습니다. 아빠는 모든 아빠보다 뛰어난 최고의 아빠입니다."

하나님과 교제하는 느긋한 여행에 도움이 될 만한 몇 가지 영성 훈련을 소개한다. 내가 가장 중요하게 여기는 전통적인 훈련은 한적한 곳에서 침묵하고 기도하는 것이다.

하나님을 만나는 넉넉한 시간

그네를 흔들며 아빠의 깊은 사랑을 만끽했던 그날, 나는 내 멘토였던 웨인 앤더슨(Wayne Anderson)이 가르쳐준 '하나님을 만나는 넉넉한 시간'(Extended Personal Communion with God), 곧 EPC 훈련을 하고 있었다. 학창 시절, 한적한 곳과 침묵이란 말은 어딘지 공허하고 쓸쓸한 느낌이 들어서 따뜻한 환영의 느낌을 주는 EPC라는 말을 더 좋아했다. 그는 매달 하루는 단 몇 시간이라도 좋으니 한적한 곳에서 하나님과 단둘이 '있기'만 하라고 당부했다. 그는 벌써 오랫동안 그 일을 습관처럼 실천하고 있었다. 엘튼 트루블러드가 이 훈련의 근거를 설명한다.

찾아보기 드물지만 강력한 훈련은, 적어도 한 달에 한 번 개인 묵상 시간을 책임질 동료를 구하는 것이다. 그리스도는 동료들을 잠시 보살피지 못하더라도 혼자 있는 훈련을 규칙적으로, 의식적으로 하셨다. 혼자 있는 행동을 정당화하는 것은 제멋대로 행동하는 겉멋이 아니라 그 후에 그가 기여하는 풍성한 결과다. 늘 만날 수 있는 사람은 만남의 가치가 없다. 공적인 생활을 한다면 매달 대여섯 시간 혼자만의 여유를 가진다는 게 무척 어렵다는 걸 안다. 하지만 바쁘다는 핑계로 이런 훈련

을 하지 않는 것은 잘못이다. 혼자 있는 시간을 내기 어려운 사람들이
야말로 그들을 구원해줄 그 시간이 절실히 필요하다.[1]

6장에서 말했듯이 때로 예수님은 제자들로 사역에서 조용히
물러나 따로 쉬게 하셨다. 이 같은 예수님의 권유는 마가복음에
기록되어 있다. "너희는 따로 한적한 곳에 가서 잠깐 쉬어라"(막
6:31). 사역이나 일로 바쁜 사람들이 따로 시간을 내어 EPC를 규
칙적으로 해야 하는 데 이것보다 더 타당한 근거는 없다. 우리는
일할 시간이 줄고 생산량이 떨어지는 게 두려워 이런 생활의 흐
름을 거부할지도 모른다. 하지만 이는 하나님이 주시는 활력과
용기를 가지고 그분이 맡기신 일을 할 기회다. 우리는 생기를 회
복하고 다시 준비를 마친 후 자신이 맡은 일로 돌아간다.

그런데 EPC가 가치 있는 훈련이란 확신이 들자 공교롭게도
새로운 문제가 생겼다. 나는 그 시간에 독서, 글쓰기, 사역 준비,
레크리에이션 같은 영적 활동을 잔뜩 하고 싶었다. 영적으로 유
익한 일을 많이 해서 EPC를 최대한으로 활용하고 싶었다. 하지
만 이렇게 하고 싶은 영성 훈련을 많이 하면 묵상하는 날조차 일
하느라 바쁜 여느 날이나 다름없게 된다. EPC는 나를 반갑게 맞
이하는 예수님과 단둘이 보내는 조용한 시간이다. 예수님은 그
런 시간을 원하신다. 그분께 정돈된 공간과 느긋한 시간을 드리
고, 그 시간에 우리는 그분 곁에 머물면서 말씀을 듣거나 그분의
임재를 느낀다.

리더들을 대상으로 ECP를 인도하면 이런 질문을 자주 듣는다.

"한적한 곳에서 침묵하려면 어떻게 해야 합니까?" 나는 질문의 틀을 재설정한다. "어떻게 하느냐가 아니라 어떻게 있느냐입니다." 이렇게 말하면 어이없겠지만 혼자 있는 것은 혼자 있는 것으로, 침묵은 침묵함으로 훈련한다. 쉽지는 않으나 정말 간단하고 무척 가치 있는 목표. 한적한 곳에 머물러있는 시간이 아깝다는 느낌이 들더라도 우리는 하나님의 영이 도와주시리라 믿는다. 하지만 EPC는 평일보다는 안식일에 가깝다. 생산성(심지어 영적인 생산성)이 아니라 휴식, 창조적 발상, 친교, 회복의 시간이 있어야 한다.

EPC 훈련을 어렵게 여기는 사람이 많다. 아무것도 하지 않고 가만히 있는 것보다 활동하는 것을 더 쉽게 여기기 때문이리라. 하지만 EPC는 언행을 삼가고 내 생활에서 하나님을 발견하는 공간을 조금이라도 만들기 위한 훈련이다. 다른 사람들과의 대화와 교제를 잠시 멈추면 그분의 음성을 듣고 그분의 임재를 느낄 수 있다. 행여 느끼지 못하더라도 신뢰할 수 있다. 결국 이 시간을 통해 내면의 불안을 잠재우고 강박에 가까운 성취욕을 다스린다. EPC를 시작하면 처음에는 생활의 질주를 멈추고 싶지 않은 조급한 아이처럼 불만을 느끼겠지만 끈기 있게 충동을 다스리면 불만은 결국 사라진다.

EPC 훈련을 하면 하나님이 하시는 일에 마음을 쏟고 그분의 일을 받아들이고, 또 그분의 은혜로 순종할 수 있는 시간과 장소를 마련할 수 있다. 때로 그분은 아무 말씀도, 아무 일도 하지 않고 그저 함께 계시기만 한다. 이것이야말로 그분과 내가 친밀한 사이라는 표시가 아닐까? 침묵을 즐기면서 같이 조용히 앉아있을 수 있는 오랜 부부처럼 말이다.

나는 느긋하게 생활하고 싶은 그리스도인들(대부분 리더들)을 지도하는 사역을 주로 한다. 그들에게 하나님을 추월하지 않고 그분의 음성에 귀 기울일 만큼 속도를 늦추는 법을 가르친다. 우리가 하는 일일 수련회는 해방의 공간이다. 기존에 참석했던 수련회는 대개 말로 넘쳐났다. 좋은 사람들이 좋은 뜻으로 좋은 말을 많이 했다. 하지만 느긋한 시간과 정돈된 공간을 하나님과 나누는 기회는 어느 누구의 말보다 훨씬 큰 선물이다. 달뜬 내면의 속도는 그런 침묵 속에서 속도를 잃는다. 우리는 하나님의 평화가 임하고 주님의 기쁨이 샘솟는 것을 마음으로 느낄 수 있다. 그때 우리는 세상의 목소리와 지도, 조언에 귀를 닫고 하나님의 음성과 지도, 조언을 더 쉽게 분별한다. 속도와 성취의 중독에서 회복되는 과정이다.

기도에 관해 기억해야 할 예수님의 가르침이 있다. "또 기도할 때에 이방인과 같이 중언부언하지 말라 그들은 말을 많이 하여야 들으실 줄 생각하느니라 그러므로 그들을 본받지 말라 구하기 전에 너희에게 있어야 할 것을 하나님 너희 아버지께서 아시느니라"(마 6:7-8). 여기서 예수님은 기도할 때 침묵하라는 말씀 대신 말수를 줄이라고 권하신다. 여러 교파의 그리스도인들과 기도를 해보았는데, 다른 교파 그리스도인들에 비해 우리 복음주의자들의 기도가 가장 장황하고 급했다. 예수님은 하나님을 모르는 이교도들이 장황하게 기도한다고 지적하셨다. 말을 많이 해야 더 좋은 기도이며 하나님이 듣고 응답하실 확률도 높다고 생각하는 듯하다.

하나님은 그런 분이 아니며, 기도가 길다고 효과가 더 커지는 것도 아니다. 그런데 왜 장황하게 기도할까? 사랑의 아버지는 내가 구하기 전에 내 필요를 아신다는 사실을 잊어서일까? 전능자가 모르시는 새로운 소식을 전해야 한다고 믿어서일까? 하나님이 내 필요를 아시고 챙기신다는 것을 진심으로 믿는다면 내 기도는 얼마나 더 간결해질까? 말을 하지 않더라도 성령께 의지해 하나님의 임재와 그분의 은총을 기억하면 기도가 훨씬 더 나아질 것이다. 하나님은 나에게 복을 주고 싶어 하신다. 그 사실을 기억하면 그분께 새로운 소식을 전할 필요도, 그분을 설득할 필요도 없다는 데에 안심할 수 있다. 우리는 그분께 청하기만 하면 된다.

서두르는 버릇에서 계속 회복되고 있다고 고백할 때마다 내 영혼이 EPC 훈련을 통해 많이 건강해졌음을 깨닫는다. 하나님 사랑의 임재에 조용히 거하면 내 마음이 얼마나 여유롭지 못한지 발견한다. 더욱이 하나님은 내가 그분의 은혜로 크게 발전했음을 일깨우신다. 이 훈련을 처음 시작할 때 나는 준비하는 데만 삼십 분에서 한 시간이나 걸렸다. 한적한 곳에서 침묵하는 훈련을 사랑의 아버지가 주시는 은혜의 선물로 여기지 않고 내 힘으로 성취하기 위해 노력하고 있음을 서서히 깨달았다. 게다가 훈련의 시간을 따로 마련하는 영웅적인 헌신을 하나님께 자랑하기까지 했다. 하지만 그런 가면을 쓰기 시작하면 녹초가 된다. 시간이 흐르자 EPC의 날은 좋은 친구(요 15:15)인 예수님과 함께하는 기회로 여기는 게 좋다는 것을 깨달았다.

EPC 훈련을 다른 사람들과 같이 하는 것도 좋다. 그런 날이면 나는 그리스도와 단둘이 지낸 후 다른 사람들과 더불어 그리스도를 나눈다. 주님과 안식하는 생활 습관을 들이는 데 나눔과 우애의 효과를 톡톡히 보았고 주님은 함께한 모든 사람에게 복을 주셨다. 우리는 함께 모인 자리에서 홀로 또 같이 하나님의 임재를 누리는 복을 누렸다.

하나님의 임재 안에서 홀로 조용히 있는 몇 시간 동안 우리는 무엇을 할 수 있을까? 내가 배우고 터득한 것 몇 가지를 소개한다.

• **목표를 세우지 않는다.** 또는 원하는 목표가 있다면 고백한다. 응답받지 못한 물음이나 불분명한 문제가 있다면 하나님께 고백하는 게 좋다. 그분은 우리가 마음에 품은 구체적인 문제를 해결해주기도 하시지만 다른 문제에 대해 말씀하기도 하신다. 마음을 열고 귀를 기울여서 그분이 우리를 어디로 인도하시는지 알아야 한다. 하나님이 특별한 말씀이나 행동을 하지 않고 우리와 '같이' 계시고 싶어 하시는 것처럼 보이더라도 그분이 바라시는 것은 무엇이든지 따르고 순종하겠다고 말씀드리는 게 현명하다.

• **처음 이삼십 분은 아무것도 하지 않고 가만히 귀를 기울인다.** 침묵한다. 가만히 앉아있거나 천천히 걷는다. 하나님이 창조하신 아름다운 만물 속에서 그분을 느낀다. 기도로 하나님의 존전에 나아가 말을 삼가고 귀를 기울인다. 귀뿐 아니라 눈과 마음과 생각으로도 듣는다.

• **감사한다.** 감사는 느긋한 생활의 증거다. 서두르면 하나님뿐

아니라 사람들에게도 '고맙습니다'라는 간단한 말 한마디도 하지 못한다. 아름다운 것을 알아보고 하나님께 감사하는 데는 시간이 필요하다.

• **침묵은 유익한 점이 많다.** 침묵하면 조급한 영혼의 소음이 서서히 들린다. 이 순간 나는 하나님의 임재 안에서 가만히 침묵을 지킬 것인지 내면의 소음과 충동에 따를 것인지 결정해야 한다. 소음과 충동에 따르겠다는 것은 물론 실행을 뜻한다! 하지만 하나님 곁에 머무르면 두려움을 잠재우는 그분의 사랑, 불안을 내쫓는 그분의 평화, 고통을 어루만지는 그분의 위로, 변덕을 용서하는 그분의 자비, 영혼의 가장 깊은 필요를 채우는 그분의 은혜를 느낄 수 있다. 우리의 생각과 몸을 흔드는 내면의 소음이 사라질 때까지 침묵하며 참을성 있게 기다리면 하나님은 과연 하나님임을 기억할 수 있다.

• **방해가 있을 것이다.** 방해를 받으면 제어하지 말고 가만히 놓아둔다. 또는 주님께 아뢴다. 감사하고 부탁을 드리고 하나님 손에 맡긴다. 한번은 수양관에서 조용히 하나님과 같이 있으려고 하는데 내 옆에서 정원사가 시끄러운 소리를 내며 낙엽청소기로 청소를 시작했다. 방해란 바로 이런 것이다! 나는 좌절했다. 이런 배려 없는 행동에 대해 정원사에게 건의할지 수련회 책임자에게 건의할지 고민했다. 하지만 예수님은 내가 작은 정원을 가꾸는 정원사의 수고를 고맙게 여기길 바라시는 것 같았다. 그에게 고마움을 느끼자 내 마음은 곧 누그러졌고 방해받는다고 느꼈던 하나님과 나 사이는 되레 더욱 가까워졌다.

'삼분의 일' 원칙

어느덧 사역자로 일한 지 삼십 년이 넘었다. 그동안 행사, 모임, 대회, 수련회, 리더 회의를 많이 이끌었다. 그런데 최근에 그런 모임을 지도하면서, 또 그런 모임을 지도하는 리더들을 가르치면서 내 친구이자 동료인 폴 젠슨이 권하는 지침의 진가를 느꼈다. 그가 '삼분의 일 원칙'이라고 부르는 지침인데, 전체 모임 시간의 삼분의 일은 배운 것을 적용하는 데 쓰는 것이다. 특별히 하나님과 교제하고 또 사람과 교제하는 훈련은 실습이 필수다.[2] 우리는 이 원칙 덕분에 모든 시간을 강의와 교육, 훈련에 다 쓰지 않는다. 보통 행사에서는 참석자들이 집에 돌아가 스스로 실습한다는 가정 아래 적용 시간을 따로 마련하지 않는다.

나처럼 이런저런 집회나 행사에서 기록한 설교 노트, 세미나 노트, 수련회 노트를 보관하고 있을지도 모르겠다. 훌륭한 정보가 담긴 이런 노트는 책장이나 서랍으로 직행하고 눈길조차 받지 못한 채 기억 속에서 사라진다. 삼분의 일 원칙을 지키면 학습과 실습의 기회가 생긴다. 이렇게 느긋하게 교육하면 강의 시간은 줄겠지만 교육 내용을 직접 실습할 수 있으므로 머리로만 배우는 게 아니라 실제로 익히고 배울 수 있다. 예수님도 도제 교육으로 제자들을 기르셨다.

나는 지도자 수련회나 훈련을 지도하기 위해 자주 몇백 킬로미터, 또는 몇천 킬로미터를 여행한다. 나를 초청한 사람들은 모임 내내 다양한 영성 훈련과 이론, 통찰에 '대해' 듣고 싶어 한다. 그들의 마음을 알 것 같다. 시간 제한과 투입된 비용 때문에 좋은 훈련을 되도록 많이 받고 싶은 것은 인지상정이다. 하지만 나는 그들이 머리뿐 아니라 마음과 습관으로도 배우고 익히길 바란다. 이는 모여있는 동안 배운 것을 실습해봐야 가능한 일이다.

예를 들면 나는 사역 단체의 목적과 목표를 평가하기 위한 수련회 계획을 세우는 일을 좋아한다. 한번은 수련회를 통해 이듬해 사역 목표를 명확하게 정하고 싶어 하는 어느 단체에서 도움을 요청했다. 계획을 세우는 일은 재미있기도 하지만 생각이 마비될 정도로 힘들기도 하다. 여러 사람이 온갖 의견을 내놓기 때문에 긴장감이 감돈다. 나는 수련회의 첫 삼분의 일에 해당하는 시간에는 참석자들에게 수련회의 목표에 대해 말하지 않았다. 그 대신 렉시오 디비나(성경을 읽고 묵상하기—옮긴이), 홀로 침묵하기, 성찰적 중보 기도 같은 영성 훈련뿐 아니라 공동체 훈련 곧 자신의 삶 속에서 일하시는 하나님의 역사를 나누고 서로를 위해 기도하고 격려하는 시간을 마련했다.

얼마 전 어느 전략 수련회를 인도하면서 첫날은 '우선' 하나님의 임재, 하나님의 리더십, 하나님의 방법을 찾으면서 보냈다. 이틀날은 다 함께 모여 이듬해 사역 목표를 수립하는 창의적인 활동에 열중했다. 그날 리더들은 뜻밖에 일정을 앞당겨 한 시간 일찍 마쳤다. 침묵 기도, 중요한 두 본문에 대한 개인과 전체 묵상, 합심 기도를 오래한 덕분에, 전략을 세우는 일의 질과 양이 줄어들기는커녕(실제로 전략을 세우는 날은 하루뿐이었다) 몇 배는 더 훌륭한 결과를 얻었다. 만약 수련회를 '기도로 시작한 뒤' 이틀 내내 회의만 했더라면 이런 결과를 얻지 못했을 것이라고 입을 모았다. 수련회를 느긋한 시간으로 시작한 결과, 그들은 더욱 하나가 되고 창의력과 활력을 얻었다. 이런 결과를 지켜본 적이 한두 번이 아니다.

물론 은둔, 침묵, 공동체, 중보 기도, 렉시오 디비나 같은 영성 훈련을 무조건 해야 한다는 말은 아니다. 삼분의 일 원칙을 지키면 "그런즉 너희는 먼저 그의 나라와 그의 의를 구하라 그리하면 이 모든 것을 너희에게 더하시리라"(마 6:33)라는 예수님의 강하고 명쾌한 말씀을 조직에 적용할 수 있다. 물론 원문의 '이 모든 것'은 기초적인 필요인 음식과 의복을 뜻한다. 하지만 사역을 기획하고 전략을 세울 때 선하신 하나님이 조직에 필요한 것, 가령 지혜, 일치, 창의력, 통찰력, 상호 배려, 감정 회복, 활력 등을 넉넉하게 주시리라 기대하는 것은 확대 해석이 아니다.

감사하게도 과거에 익숙했던 조급한 방법보다 느긋한 방법이 훨씬 더 낫다는 자신감이 생겼다. 이틀 일정의 전략 수련회에서 전체 시간의 삼분의 일을 가장 먼저 하나님을 느긋하게 찾는 데 쏟는다. 그렇게 그분 말씀에 귀를 기울이고 순종함으로써 훌륭한 계획과 전략이 자라서 결실하는 비옥한 토양을 마련한다.

느림의 영성

사람들이 점점 더 조급해지는 문화에서 나는 느림이라는 영성 훈련을 배운다. 가끔 고속도로에서 가장 느린 차선을 택하여 운전하는 작은 실험을 하고 내 기분에 주목하기도 한다. 남가주에서는 고속도로 제한속도만 지켜도 느리게 운전할 수 있다. 불안한가? 실망스러운가? 짜증 나는가? 조급한가? 당신이라면 어떤 느낌이 들 것 같은가? 내가 걱정하는 부정적인 결과가 무엇인지, 또 그게 얼마나 현실적인 일인지 판단한다. 그런 일이 생기면 얼마나 비참할까? 나는 왜 그런 생각을 할까? 또한 나는 운전을 빨리 해서 얻는 몇 분의 여유를 어떻게 쓸지 자신에게 묻는다. 게다가 목적지에 몇 분 일찍 도착하면 '나'는 과연 어떤 사람이 되는 것일까? 속도를 조금 늦추고 현실에 더욱 충실했을 때보다 더 예수님을 본받는 사람이 될 수 있을까?

이와 비슷한 훈련으로, 나는 선인들의 산책 기술을 재발견하기 위해서 때로는 길을 걸을 때 조금 천천히 걷는다. 또는 이메일을 쓸 때 잠시 수신인을 생각하며 주님께 감사하거나 내용에 대한 조언을 구한다. 느림은 내가 하는 일뿐 아니라 하나님의 은혜와 변화의 능력으로 변화하는 나에게도 가치를 더한다.

느림을 실천하는 또 한 가지 방법은 아날로그의 시간을 마련하는 것이다. 나는 거의 항상 휴대전화와 아이패드를 소지하고 컴퓨터로 작업한다. 일상의 기술은 내면생활에 속도를 더한다. 휴대전화 덕분에 우리는 거의 모든 곳에 동시에 존재할 수 있다. 나는 거의 '항상' 연락이 가능하다. 휴대전화가 세상에 등장하기도 전에 엘튼 트루블러드는 경고했다. 늘 만날 수 있는 사람은 만남의 가치가 없다.[3]

내게는 이 훈련이 무척 어렵다. 나는 고등학생 때 교내 수학동아리(아, 지성의 보루!) 회원으로서 16진수 스위치를 조작하는 방법으로만 프로그래밍하는 임사이(Imsai) 8080 프로세서 땜질을 거든 학생이었다. 나는 기술을 좋아하지만 내가 기술을 위해 존재하는 것은 아니다. 예수님이 안식일에 대해 하신 말씀(막 2:27)에 빗대어 말하자면 기술은 나를 위해 발전한 것이다. 기술은 여러 가지 좋은 목적을 위한 수단이지만 그 자체는 목적이 아니다.

끝으로 느긋한 생활을 가능하게 하는, 쉽지는 않지만 간단한 또 한 가지 느림의 훈련은 야고보의 조언을 따르는 것이다. "듣기는 속히 하고 말하기는 더디 하며 성내기도 더디 하라"(약 1:19). 하지만 나 역시 대화를 할 때 상대방 말에 진심으로 귀 기울이기보다는 내가 할 말을 생각하느라 건성 들을 때가 많다.

잘 경청하는 것이 열쇠다. 나는 아직도 배울 게 무척 많다. 신학대학원 시절, 설교와 교육에 관한 수업에서 스피치 훈련을 받았지만 경청하는 법을 배운 기억은 없다. 생활환경이 전혀 다른 사람의 말을 귀담아듣지 못하면 건성으로 하나 마나 한 대답을 하고 만다. 설령 내가 경험이 풍부하더라도 상대가 어떤 처지에 있는지, 무슨 감정으로 말을 하는지 모르면 아무 조언도 할 수 없다. 더욱이 속히 듣고 더디 말하는 것은 언어로 소란한 세상에서 여간 어려운 일이 아니다. 야고보의 조언은 관계와 일, 생활에서 실천할 수 있는 지혜롭고 유익한 조언이다.

수면은 아직 뜯지 못한 하나님의 선물

우리는 수면 부족 문화에서 살고 있다. 질병통제예방센터에 의하면 보통 성인은 하루에 7~9시간을 자야 건강을 유지하는데

2005~2007년 국민건강설문조사에 따르면 성인 인구의 거의 30 퍼센트는 수면 시간이 6시간 미만이다.[4] 지난 세기에 비해 평균 수면 시간이 20퍼센트가 넘게 감소했다.[5] 우리는 왜 잠을 충분히 자지 않을까? 적어도 한 가지 이유는 양초의 아래위에 불을 붙이는 것처럼 생활하는 버릇 때문일 것이다. 우리는 더 많은 일을 하기 위해 일찍 일어나고 늦게 잔다.

지난 세기 중엽에 글을 썼던 퀘이커파 더글라스 스티어(Douglas Steere) 교수는 이런 글을 남겼다.

선량한 사람들이 몇 가지 점에서 훈련을 게을리하여 생활을 방만하게 하고 잠을 자지 않고 힘을 헛되이 낭비한다. 잠을 충분히 자야 눈을 떴을 때 가뿐하고 개운하다. 수면이 부족한 몸만큼 내면의 기도를 방해하는 것도 없다.[6]

우리는 수면을 다른 휴식과 마찬가지로 생산성의 흐름을 방해하는 시간 낭비로 여긴다. 하지만 우리가 아직 포장조차 뜯지 못한 하나님의 선물이 수면이라면? 물론 잠을 지나치게 많이 잘 때도 있지만 대다수는 그 반대일 확률이 높다. 베네딕트회의 수도 규칙이 전하는 옛 지혜를 생각해보자. "베네딕트회는 하루 4시간은 기도하고, 6~9시간은 노동하고, 7~9시간은 잠을 자고, 약 3시간은 식사와 휴식을 하고, 3시간은 독서와 반성하는 것을 생활 목표로 삼았다."[7]

수면의 선물을 개봉하는 또 한 가지 길은 유서 깊은 전통인 낮

잠을 자는 것이다. 2000~2001년, 페코스 베네딕트회 대수도원에서 영성 지도 훈련을 받을 당시 나는 샘(Sam) 신부를 만났다. 샘 신부는 대수도원에 오기 전 사십 년 동안 트라피스트회 수도사로 엄격하고 금욕적인 생활을 했다. 페코스의 규칙은 달랐지만 그는 여전히 새벽 두 시에 기상했다. 그래서 샘 신부는 한낮에 점심을 먹고 나면 조금 피곤했다. 그는 종종 수도원 복도를 거닐다가 자신이 좋아하는 영성 훈련인 '냅시오 디비나'(napcio divina) 곧 거룩한 낮잠을 잘 준비가 되었다고 선언하곤 했다. 물론 우리는 웃음을 터뜨렸지만 나는 바쁜 하루에 잠깐의 휴식이라는 하나님의 선물을 기쁘게 받아들이는 지혜를 배웠다.

하나님의 지도

하나님의 지도(guidance)를 구할 때 지도(map)를 기다리는 사람이 많다. 우리는 출발지부터 도착지까지의 세세한 정보를 바란다. 구글에는 그런 게 있다! 그런데 정작 우리는 그분이 가는 곳으로 우리도 가고 있는지 묻는가? 우리는 딴 길로 가면서 그분의 지도를 구하는 것은 아닌가?

도로 지도 대신 하나님이 직접 우리를 안내하신다면 어떻게 할 텐가? 그분이 결정하는 대로 좇아가면 어떨까? 가는 곳을 미리 묻지 말고 근처에 도착하면 그분이 인도하리라 믿고 따르면 어떨까? 아무래도 하나님은 우리를 곁에 꼭 데리고 다니는 것을 좋아하시는 듯하다. 그분은 느긋하게 인도하신다. 가는 곳을 미리 알면 그분을 내팽개치고 혼자 달려갈 우리를 그분은 길동무

삼아 안내하신다. 하나님의 지도를 구하는 데 혈안이 되기보다 그분이 내 지도자임을 분명히 알 필요가 있다. 도움을 청하기에 앞서 그분이 나를 돕고 계신다는 것을 분명히 알아야 한다. 힘을 구하기에 앞서 그분이 내 요새임을 믿어야 한다.

한 걸음씩

한적한 곳에서 침묵하기, 하나님을 만나는 넉넉한 시간(EPC), 느긋한 리더십, 느림, 수면, 더디 말하기, 순종의 훈련 가운데 현재 당신에게 가장 힘든 것은 어떤 것인가? 이유가 무엇인가?

당장 실천하고 싶은 훈련은 무엇인가? 여기에 소개한 느긋한 훈련 중에 하나님이 지금 해보라고 하시는 것은 무엇인가? 당신과 같이 있고 싶어 하시는 느긋한 구주께 바치는 선물로 한 가지 훈련을 정해서 해보라. 한 걸음을 내딛었으면 또 한 걸음을 내딛으라. 그렇게 하면 어느새 느긋한 여행을 하고 있을 것이다.

1 느긋한 생활을 하는 데 당신이 이미 가지고 있는 유익한 습관은 무엇인가? 당신을 서두르게 만드는 습관은 무엇인가?

2 이 장에서 소개한 한적한 곳에서 침묵하기(EPC), 느긋한 리더십, 느림, 수면, 더디 말하기, 순종의 훈련 중에 가장 끌리는 훈련은 무엇인가? 이유가 무엇인가? 가장 어렵게 느껴지는 훈련은 무엇인가? 이유가 무엇인가?

3 하나님은 그다음으로 당신에게 무엇을 원하시는 것 같은가? 그 일을 언제 할 작정인가? 그 일을 말했을 때 당신에게 기도의 응원과 격려를 아끼지 않을 사람은 누구인가?

11장 느긋한 삶은
영생의 축소판이다

우리는 느긋한 생활을 수월하게 할 때도 있고 그러지 못할 때도 있다. 얼마 전, 나는 도미니카 공화국에서 목회자와 리더 대상의 '여로' 수련회를 인도했다. 우리는 하라바코아 외곽, 상상할 수 없이 푸르고 무성한 산이 지척에 있는 콘퍼런스센터에 모였다. 낙원이 따로 없었다. 나흘 일정이지만 느긋한 생활을 쉽게 할 수 있을 만한 곳이었다.

이 평화로운 마을에는 라 콘플루엔시아(La Confluencia)라는 곳이 있다. 나라의 주요한 두 강이 합류하는 지점이다. 두 강은 사납게 소용돌이치면서 한곳으로 모인다. 지금 내 생활이 그렇다. 강 서너 개가 합류해서 뒤엉켜있는 기분이다! 사역은 전례 없이 바쁘고 십 대가 된 세 아들을 기르는 가족의 축복을 바쁘게 누리고 있다. 아울러 시간과 정력을 쏟아야 하는, 어렵고 까다로운 내 영혼의 문제도 있다. 그렇지만 그 속에서 나는 느긋하게 살자는 가르침이 지금 여기서 나에게 쓸모가 없다면 다른 사람들에게도 큰 효과가 없을 것이라는 사실을 깨달았다.

또한 무사태평할 때만 느긋하고 여유롭게 생활한다면 고된 노동을 하면서도 깊이 안식하고 수천 명을 돌보면서도 하나님 아버지의 돌봄을 받는 생활을 하셨던 예수님을 따르는 것이 아니다. 누가는 예수님이 사역 초기부터 어떻게 하셨는지 기록했다. "예수의 소문이 더욱 퍼지매 수많은 무리가 말씀도 듣고 자기 병도 고침을 받고자 하여 모여 오되 예수는 물러가사 한적한 곳에서 기도하시니라"(눅 5:15-16). 예수님은 사람들의 요청과 필요가 빗발치는 속에서도 느긋하게 생활할 줄 아셨고 또 그렇게 사셨다. 앞서 보았듯이 그분은 당신과 나에게 바쁜 듯 느긋한 생활을 권하신다.

생활과 일에서 무척 바쁜 시기에는 가장 느긋한 현실 곧 영생을 간과하기 십상이다.

느긋한 인생은 영생의 축소판

당신이 영생에 대해 가장 기쁘게 여기는 것은 무엇인가? 또는 무엇이 실망스러운가? 당신이 그리는 영생은 어떤 것인가? 막연히 하나님이 계시는 어딘지 모를 곳에서 시간 감각을 잃고 사는 것이라고 보는가? 혹은 영생이란 시간이 끝없이 흐르는 것일 뿐인가? 당신이 방점을 찍는 곳은 '영원'인가 '생명'인가? 나는 시간이 흐를수록 진짜 생명, 깊은 생명, 기쁜 생명처럼 끝없는 '생명'

에 고마움을 느낀다.

예수님을 처음 만나고 믿었을 때 나는 영생을 반대로 생각했다. 곧 영원한 형벌에서 벗어났고, 사후에 하나님과 영원히 사는 것이 영생이라고 여겼다. 좋은 일이었다. 하지만 그게 정확히 현재는 물론 내 미래에 어떤 의미를 주는지 몰랐다. 이를테면 이런 것이다. 그리스도 안에서 영생을 얻으면 영원한 시간을 얻는다. 일을 무한정 미룰 수 있다는 말은 아니다. '나는 그 일을 할 시간이 없어'라는 거짓말을 폭로하는 '영생'의 관점에 대한 말이다. 시간이 부족하다는 잘못된 믿음 때문에 선행을 미룬 적이 얼마나 많은가? '시간이 없다'라고 말할 때마다 더욱더 조급함에 사로잡힌다. 사실 지상의 모든 사람은 날마다 똑같은 시간을 가지고 있고, 그리스도 안에 있는 우리는 영원의 처음과 끝을 가지고 있다. 즉 그리스도 안에서 나는 하나님이 맡기신 일을 할 시간이 충분하다. 바로 그게 영생, 곧 느긋한 인생의 관점이다.

하지만 때로 우리는 인생에서 누릴 수 있는 모든 기회를 놓치지 말자는 뜻으로 "한 번 살지 두 번 사냐!"라고 말하며 자신을 응원한다. 물론 옳은 말이다. 두 번 다시 오지 않을 기회를 놓치면 큰 손해를 볼 수 있다. 하지만 예수님 안에서 영생을 누린다는 관점에서 보면 '한 번뿐인 인생'은 영원히 지속된다. 이런 관점 때문에 모험을 떠나지 못한다든지 두려움을 이기지 못한다든지 기회를 잡지 못할 일은 없다. 그 대신 이런 넉넉한 관점을 가지면 영원한 변화의 길에서 성장하고 발전할 기회가 많다는 것을 깨닫는다. 그래서 어려운 교훈을 포기하지 않고 용기를 내어 배울 수 있다. 인생의 교훈을 확실히 배울 수 있다면 실수를 저지를 시간도 넉넉하다.

느긋한 인생은 영생의 축소판이다. 일상뿐 아니라 신앙생활에서조차 조급하게 살면 시야가 좁아지고 기쁨이 사라지고 일의 노예가 된다. 게다가 지금 과중한 일을 하고 있는데도 성급하게 이후에 할 일에 손을 댄다. 키르케고르가 말했다. "바쁜 생활의 압박은 마력과 같다. 마력의 힘은 강해져서… 늘 어린아이들에게 마수를 뻗는다. 어린이나 청소년은 홀로 조용히 지내는 법을 모르니 거룩한 성장을 이루는 영원에 이르지 못한다."[1] 바쁘게 활동하는 것은 무척 매혹적이다. 하지만 바쁜 생활은 현재의 생명을 앗아간다.

영생이란 무엇인가?

'영생이란 무엇인가?' 예수님이 최후의 만찬 때 측근 제자들에게 하신 말씀에서 가장 간단하고 직설적인 대답을 찾았다. "영생은 곧 유일하신 참하나님과 그가 보내신 자 예수 그리스도를 아는 것이니이다"(요 17:3). 영생은 기간을 뜻하는 것도 즐거운 미래를 보장하는 것도 아니다. 영생은 생명인 그분과 서로 지속적으로 사랑하는 것이다. 이 관계는 내가 지금 누리고 있으며 또 영원히 누릴 것이다. 내 믿음은 신실하신 예수님과 풍성하고 온전하게 교제하는 데까지 영원히 자랄 것이다.

영생은 하나님 안에 있는 생명이다. 또한 상상을 초월하는 사랑을 증명하신 분과 우리 사이에서 날로 깊어지는 소통의 관계다. 영생은 영원한 '생명', 영원한 '삶'이다. 영생은 성부와 성자, 성령과 더불어 영원히 사는 것이다. 예수님이 얼마나 재미있고, 지성적이고, 능력이 많고 유쾌하고 매력적인 분인지 알려면 그럴 만한 시간이 걸린다. 영광스럽다, 지혜롭다, 강하다, 은혜롭다, 장엄하다 같은 표현을 쓰고 싶지만 이런 말은 교계에서 닳고 닳은 표현이라 의미가 퇴색했다. 영생에 대한 믿음과 소망과 감사를 많이 잃어버린 것 같아 슬프다.

예수님은 아버지께 드리는 기도를 이렇게 마치셨다. "내가 아버지의 이름을 그들에게 알게 하였고 또 알게 하리니 이는 나를 사랑하신 사랑이 그들 안에 있고 나도 그들 안에 있게 하려 함이니이다"(요 17:26). 예수님은 우리가 아버지를 알기 바라신다. 사실 그분은 우리에게 아버지를 보여주기 위해 오셨다(요 14:7).

아버지를 아는 것

새 학기가 시작되기 직전, 나는 삼 일 동안 샌디에이고로 묵상 기도를 하러 떠났다. 미션밸리가 내려다보이는 친구 집을 통째로 빌렸다. 새로 맡을 강의 준비도 하고 싶었다. 그런데 이틀 동안 애를 썼지만 일에 진척이 없었다. 내 인생에 집중할 수 없었다! 창의적인 발상도 불가능했다. 둘째 날 밤, 결국 삼 일 동안 아무것도 하지 못하면 어떻게 하나, 걱정하면서 잠을 청했다.

새벽 세 시, 잠에서 깬 나는 다시 눈을 붙일 수 없었다. 뜬눈으로 누워 사흘을 허비했다고 여기니 심란하고 실망스러웠다. 나도 모르게 기도가 나왔다. "하나님, 도와주세요. 산만하고 실망스러운 이곳에서 하나님을 만나고 싶습니다."

조용히 누워있는데 불온한 생각이 거세게 엄습했다. '지금 하나님은 나를 반기지도 원하지도 않으시는 것 같다. 나 같은 사람이 학생들에게 하나님을 권하는 수업을 어떻게 할 수 있나?' 내가 믿는다고 고백하는 하나님의 모습과 본능적으로 느끼는 하나님의 모습이 무척 다르다는 것을 깨달았다.

그래서 기도했다. "예수님, 아버지를 더 정확하게 알고 싶습니다. 아버지의 진짜 모습을 보고 싶습니다. 제 머리와 마음에 왜곡된 하나님상이 있는 게 틀림없습니다. 그 상은 저를 끌어당기기는커녕 밀쳐냅니다."

거의 즉시 빌립이 다락방에서 예수님께 했던 말이 내 마음에서 들렸다. "주여 아버지를 우리에게 보여주옵소서 그리하면 족하겠나이다"(요 14:8). 예수님은 빌립의 눈을 열어주셨을 뿐 아니라 내 눈을 열어주셨다. 그분 대답의 핵심은 이런 것이다. "우리가 함께 보낸 세월이 삼 년이다. 너는 내가 어떻게 살았는지 보았다. 너는 내가 무엇을 했는지 보았다. 내가 한 말을 다 들었다. 모든 게 하나님 아버지의 모습이다. 하나님 아버지가 곧 나고 내가 곧 하나님 아버지다. 우리는 하나다. 나는 하나님 아버지를 위해서 살았다기보다 하나님 아버지 안에서 살았고 하나님 아버지는 내내 내 안에 계셨다. 모르겠느냐? 나는 그분의 권위로 말한다. 나는 그분의 사랑과 능력으로 산다."

"자, 빌립(과 앨런), 내가 네게 바라는 것은 다름 아닌 '이것'이다. 나를 믿어라. 내 말을 믿어라. 내가 하나님 아버지 안에서 어떻게 살았는지 너는 보았다. 내가 말한다. '나를 통해 하나님 아버지 안에 거해라.' 너를 통해 일하시고 말씀하시고 네 안에서 또 너를 통해 계시는 하나님 아버지를 받아들여라. 하나님 아버지가 내 안에서 또 나를 통해 자신을 나타내셨듯이 네 안에서 또 너를 통해 같은 일을 하시는 그분을 받아들여라. 네가 바라는 것은 무엇이든지 구해라. 내가 원하는 바다. 하나님 아버지가 원하시는 게 이것이다. 실은 네가 원하는 것도 마찬가지다."

내가 본능적으로 느끼는 하나님상은 예수님의 얼굴에서 비치는 사랑하고 기뻐하고 친절한 아버지가 아니라, 기분이 나빠서 나를 받아주지 않는 여느 아버지의 모습이었다. 물론 그 순간 부정적인 하나님상을 품은 채 홀로 조용히 있기 싫었다! 하지만 이런 생각이 들었다. '영생은 하나님 아버지를 아는 것이야. 예수님이 알려주신 대로 그분을 정확히 아는 것이야. 그것만큼 생명을 주는 것도 없어.'

따라서 영생은 사랑의 하늘 아버지를 만나는 느긋한 삶이다. 현재 삶에서는 영원한 삶을 얼핏 엿볼 수 있을 뿐이다. 지난 세기 퀘이커파 작가인 토머스 켈리는 이렇게 말했다.

우리는 더 이상 시간을 따라서만 살지 않는다. … 영원을 따라서도 산다. 시간의 세상은 더 이상 우리가 아는 유일한 현실이 아니다. 그분 안에서 만물과 더불어 갑자기 나타나 우리를 사랑으로 감싸고, 우리에게 생명과 전율과 감동과 활력을 주는 두 번째 현실이 있다. 우리는 시간과 영원의 두 차원에서 동시에 산다. 시간과 영원은 파동하는 접점을 이루며 하나로 이어진다.[2]

두 가지를 인식하면서 사는 법을 배우고 있는가? 시간과 영원은 순차적으로 이뤄지는가, 동시에 존재하는가? 영원히 살 것이라는 사실에 자신감을 가지고 살아가는가? 아니면 내가 멈추면 우주는 갑작스러운 종말을 맞이할 것처럼 살고 있는가? 당신과 나는 지금 실제로 영생을 살고 있다.

느긋한
인생을 살다

예수님은 하나님 아버지를 알고 그분이 보내신 자신을 아는 것이 곧 영생이라고 말씀하셨다. 히브리서 필자는 우리에게 느긋한 영생의 관점을 당부한다.

> 이러므로 우리에게 구름같이 둘러싼 허다한 증인들이 있으니 모든 무거운 것과 얽매이기 쉬운 죄를 벗어버리고 인내로써 우리 앞에 당한 경주를 하며 믿음의 주요 또 온전하게 하시는 이인 예수를 바라보자 그는 그 앞에 있는 기쁨을 위하여 십자가를 참으사 부끄러움을 개의치 아니하시더니 하나님 보좌 우편에 앉으셨느니라(히 12:1-2).

늘 바쁘게 살면 예수님을 바라보는 게 힘들어진다. 눈앞에 보이는 것 외에는 눈길을 줄 수 없다. 하지만 마음으로 예수님을 바라보면 내면에서 거룩한 느낌이 일어난다. 내가 어디에서 무엇을 하든지 성령의 도움을 받아 예수님을 또렷이 바라보면 조급하고 불안한 것들이 가라앉는다. 나는 또한 예수님의 느긋한 태도에서 그분을 본받아 사는 방법을 배우고 있다.

하나님 역시 바울 사도를 통해 똑같은 권면을 하신다.

그러므로 너희가 그리스도와 함께 다시 살리심을 받았으면 위의 것을 찾으라 거기는 그리스도께서 하나님 우편에 앉아계시느니라 위의 것을 생각하고 땅의 것을 생각하지 말라 이는 너희가 죽었고 너희 생명이 그리스도와 함께 하나님 안에 감추어졌음이라 우리 생명이신 그리스도께서 나타나실 그때에 너희도 그와 함께 영광 중에 나타나리라(골 3:1-4).

우리는 예수님을 구주로 모시고 그리스도와 함께 살아났으므로 우리 마음과 생각을 땅의 것이 아니라 부활하여 위에 계신 분께 두어야 한다. 서두르면 세상의 것에 주목하게 된다. 우리 '곁'에 계시는 그리스도, 우리 '안'에 계시는 그리스도, 아버지의 우편에 앉으신 분의 임재를 놓친다.

나는 '위의 것'과 '땅의 것'을 서로 다른 것으로 보지 않고 '같은' 것에 대한 두 가지 관점으로 여긴다. 결국 '무엇'을 하든지 예수님 안에서 해야 그 일을 기쁘고 온전하게 할 수 있으며, 그래야 내 생각과 마음이 그분의 임재에 뿌리를 내리고 안식하며, 내 인생은 영원하다는 현실을 기억하고 굳게 설 수 있다.

하지만 땅의 것들 사이를 바쁘게 움직이면 마음과 생각으로 위의 것을 찾는 게 어렵다. 당신도 분명히 느낄 것이다. 바울 사도는 우리에게 위의 것을 "찾으라"(골 3:1), 위의 것을 "생각하고"(골 3:2)라고 했는데, 늘 하나님을 생각하고 늘 하나님을 느끼라는 의미는 아니다. 그리스도와 동행함을 기억하고 인식하라는 뜻에 가깝다. 나는 예수님이 늘 나와 함께 계시고 내가 늘 그분과 함께 있음을 기억한다. 그분을 믿고 나를 그분께 맡기면 극적인 일이 일어난다. 불가피한 죽음을 겪어야 하지만 아직 보이지 않는 생명의 시작이다. 구체적으로 말하자면 내 생명은 나를 둘러싼 땅의 현실에서 끝나지 않는다. 아울러 내 생명은 "그리스도와 함께 하나님 안에 감추어"져있다(골 3:3). 나는 주님과 교제하면서 산다. 나는 두 가지 현실에서 동시에 사는 법을 배울 수 있다.

그리스도가 내 생명임을 알고, 즉 예수님과 함께 또 그분 안에서 살아있음을 알고 그렇게 살고 싶은 나는 "아버지, 날마다 아버지와 생생하게 교제하는 법을 성령으로 가르쳐주세요"라고 기도한다.

나는 영성을 지도하는 리더들에게 하고 싶은 일이 있으면 작은 일부터 시작하라고 자주 제안한다. 이 사실은 하나님의 변함없는 임재를 늘 인식하고 싶은 바람과 관련이 있다. 처음부터 영웅이 되고 싶은 사람이 많지만 그렇게 하면 피로와 압박을 느끼고 포기하기 십상이다. 작은 시작은, 파종하고 날마다 물을 주어 열매가 맺힐 때까지 기르고 가꾸는 것과 같다. '작은 시작'은 영웅처럼 극적이진 않지만 장기적으로 훨씬 더 많은 결실을 거둔다.

자유와 공간

느긋하게 살도록 나에게 용기를 주는 중요한 사실이 하나 더 있다. 바울 사도의 경험에서 배우자.

주는 영이시니 주의 영이 계신 곳에는 자유가 있느니라 우리가 다 수건을 벗은 얼굴로 거울을 보는 것같이 주의 영광을 보매 그와 같은 형상으로 변화하여 영광에서 영광에 이르니 곧 주의 영으로 말미암음이니라(고후 3:17-18).

조급함은 장엄하고 아름다운 주님을 가리고 희미하게 만든다. 그분의 영광이 흐릿해지면 내 변화는 방해를 받는다. 아, 나는 조급함에 가린 채 영성 훈련을 해왔다. 결국 주님의 영광을 보면서 서서히 변화를 받기 위해 받은 영성 훈련이 정작 내 얼굴을 가린 덮개가 된 셈이었다. 조급함은 강박증에 힘입어 내가 전능자의 얼굴을 보지 못하게 방해했다.

나는 여유를 되찾은 후 리처드 로어(Richard Rohr)의 《지금의 신비》(The Naked Now)를 읽고 주님의 영광을 묵상할 수 있었다. 교회에는 여러 가지 신학이 존재하지만 그의 말은 어느 교파든 동의할 수 있을 것이다. 로어는 영적으로 깨어있는 묵상에 대해 다음과 같이 설명한다.[3]

"나는 '패싱쇼'(passing show)보다 더 깊은 차원으로 내려간다."
우리는 '패싱쇼' 같은 레뷰(revue, 노래나 춤 등을 곁들여 풍자적인 볼거리를 위주로 꾸민 연극—편집자)를 진짜 인생이라고 말하고 싶지만 사실은 가짜다. 하나님의 백성이 아는 영원한 현실에 비추어보면 표면적인 수준의 크나큰 걱정은 의미가 없다. 아버지의 영원한 나라를 인식했다면 지금 여기서 내가 극도로 걱정하는 몇 가지 일은 애초에 눈길조차 주지 않았을 것이다. 그분의 나라를 인식하기 위해, 두 가지 현실에서 살기 위해 나는 계속 기도하고, 마음과 생각으로 위의 것을 찾고, 영원한 관점으로 가까운 현실을 본다.

"**나는 깊은 차원에서 내 인생을 차분하게 바라본다.**" 내가 성숙한 어른의 관점으로 살기 위해 심리 치료를 받았던 것과 비슷하다. 나는 객관적인 분별을 위해 내면의 유치하고 아이 같은 감정과 나를 분리했다. 표면적인 소동을 멀리하고 더 깊숙한 곳에서 오는 평화를 맛볼 수 있다.

"**나는 '자아'가 마치 타인인 듯 조금 떨어진 곳에서 성 프란체스코의 말마따나 '송장' 같은 나를 연민하며 관찰한다.**" '조금 떨어진 곳에서 나를 연민하며 관찰'한다는 말이 참 멋지다. 하나님을 경시하는 세상에서 잘못 형성된 '나'는 죽어야 한다. 남들 하는 대로 따라 살지 않는 법을 배워야 한다. 인생에 대해 걱정하고 두려워하는 나의 성숙하지 못한 부분을 보살피는 법을 배워야 한다. 하나님의 사랑을 받아 깊이 간직할 수 있는 내면의 공간을 만들어야 한다.

"**나는 의미 없는 감정을 버리고 더 이상 그런 감정에 좌우되지 않는다.**" 감정은 실재하지만 본질적인 것은 아니다. 감정은 법석이고 강요하고 자신만만하지만 결정적이지도 않다. 소란스러운 감정에 사로잡힐 필요는 없다. 감정을 부정하거나 일부러 느끼지 않으려고 애쓸 것까지는 없지만 내 인생의 고삐를 감정에 맡기는 일은 멈출 수 있다. 나는 강한 듯 부드러운 그리스도의 주권 아래에서 살 수 있다. 만약 떠들썩한 감정은 내 인생에서 대단한 현실이 아니고 현실이랄 것도 없다는 자세로 살아간다면 어떻게 될까?

바울 사도는 인생의 본질적인 현실이 무엇인지 밝혔다.

그러므로 우리가 낙심하지 아니하노니 우리의 겉사람은 낡아지나 우리의 속사람은 날로 새로워지도다 우리가 잠시 받는 환난의 경한 것이 지극히 크고 영원한 영광의 중한 것을 우리에게 이루게 함이니 우리가 주목하는 것은 보이는 것이 아니요 보이지 않는 것이니 보이는 것은 잠깐이요 보이지 않는 것은 영원함이라(고후 4:16-18).

이 본문을 읽으면서 기도한다.

"주님, 시들어가는 바깥 것에 눈길을 주지 않고 보이지 않아도 날마다 새로워지는 견고한 내면의 현실을 더욱 믿습니다. 제가 새로워지더라도 제 능력이 아니라 주님의 능력으로 그리된 것임을 기억하겠습니다. 늘 새로워지진 않아도 제 인생을 새롭게 하시는 주님을 믿습니다."

"아버지, 제가 아버지 곁에서 문제를 보지 않으면 문제는 영원히 풀리지 않을 듯 저를 짓누릅니다. 앞으로 보게 될 장대한 영광에 견줄 때만 문제는 가벼워집니다. 영원에 비하면 덧없는 문제입니다. 주님, 이런 관점을 가지고 살고 싶습니다. 하지만 보이지 않는 영원을 바라보는 것은 제게 불가능한 일입니다. 저는 쉽사리 인식할 수 없는 성령의 부흥에 주목하는 것보다 눈에 보이는 문제를 쳐다보는 것이 훨씬 더 쉽습니다. 영원을 바라보는 법을 가르쳐주세요."

예수님과 느긋하게 교제하며

이 책을 여기까지 읽은 독자라면 내가 여가 생활을 즐기는 사람이 늘어나길 바라는 마음으로 이 책을 쓰지 않았다는 것을 잘 알 것이다. 그런 여유는 내가 생각하는 것과 전혀 다르다. 나는 공동체의 일원이 되고 싶은 마음이 간절하다. 예수님과 느긋하게 교제하고, 그분과 동행하고, 그분을 섬기고, 그분과 더불어 일하면서 더욱 웅숭깊게 사는 사람들의 공동체 말이다. 이런 삶은 우리 자신뿐 아니라 주변 사람들까지 풍요롭게 만든다. 사실 전능자와 느긋하게 교제하는 생활은 그분의 임재에서 이루어진 것처럼 우리 가운데 그분의 나라를 세우고 그분의 뜻을 실현한다. 또한 목자와 느긋하게 교제하면 열매가 풍성하게 열리고 그 열매를 본 사람들은 그분을 만나서 따르고 싶을 것이다.

마지막으로 같이 기도하자.

성부, 성자, 성령 하나님,

느긋하게 살고 싶습니다.

하나님과 교제하며 쉬고 싶습니다.

성령이 보여주시는 모든 것을

볼 수 있게 눈을 열어주세요.

성령이 말씀하시는 모든 것을

들을 수 있게 귀를 열어주세요.

하나님의 사랑의 노래로

우리 마음은 잠잠해집니다.

인간의 헛된 관심사에서 눈을 돌려

위의 것을 생각합니다.

우리에게 주신 복을

다른 사람들에게도 내려주세요.

성부와 성자, 성령의 이름으로

기도합니다. 아멘.[4]

느긋함을
회복하는 시간 🌱

....

1   지금 당신을 가장 바쁘게 만드는 상황은 무엇인가? 5~10분 정도 영원의 관점
에서 그 상황에 대해 생각해보라. 그런 관점은 당신에게 도움을 주는가? 어떤 도움
을 주는가? 이런 상황에도 불구하고 당신이 하나님의 느긋한 임재에 머무는 모습
을 상상할 수 있는가? 그럴 수 있는 이유나 그럴 수 없는 이유가 무엇인가?

2   영생은 느긋하다는 말을 처음 들었을 때 어떻게 반응했는가? 느긋한 영생이란
말에 어떤 갈등이나 긴장감을 느꼈는가?

3   예수님을 바라보고 마음과 생각을 위의 것에 두는 것이 가장 쉬운 영역은 무엇
인가? 예수님을 바라보기가 가장 힘든 영역은 어디인가? 지금 잠시 하나님께 이런
축복과 난제에 대해 말씀드리자.

감사의 글

　책 한 권에 반평생의 통찰과 경험이 들어갔다면 저
자로서 그동안 도움을 준 모든 사람에게 어떻게 고마움을 표시
해야 할까? 느긋한 인생과 노동을 향한 내 여정에 길동무가 되어
도움을 준 몇몇 사람에게 감사의 말을 전하고 싶다.
　리더십연구소 동료들에게 고마움을 전한다. 특별히 1989년 연
구소를 함께 설립한 폴 젠슨, 척 밀러, 존 바이런, 2008년 영원
의 여유를 찾아 떠난 웨인 앤더슨에게 감사한다. 그들은 이십오
년 가까이 함께 사역한 사랑하는 형제이자 동료, 기도의 용사들
이다. 그들은 내 생각과 말 하나하나에 영향을 주었다. 존, 크레
이그, 윌, 크리스, 데이비드, 존과 리사, 웬디, 존, 돈, 개리 J., 샌디
개리 T., 나머지 모든 직원과 이사들에게도 감사한다.
　'차세대를 향한 여로'를 함께 떠난 스무 세대(차수 단위―옮긴
이)가 넘는 수료생 수백 명에게 진 빚이 크다. 그들과 느긋한 여

행을 떠났던 것은 큰 선물이었다! 이 책에는 영적 리더십 훈련 과정인 '여로'에서 탄생한 내용이 아주 많다.

리사 게스트의 도움과 응원이 없었다면 결코 이 책을 쓰지 못했을 것이다. 리사는 나에게 믿음을 불어넣어주었고 초고를 검토해주었다. 젠 존슨은 내가 처음 쓴 책을 내가 좋아하는 출판사 IVP에서 출간할 수 있게 비공식 에이전트 역할을 했다. 신디 번치는 처음부터 끝까지 원고의 방향을 잡아주었다. 톰과 말라, 제프와 메리, 그레임과 다이앤, 더그와 사브리나는 초고를 읽고 조언과 응원을 아끼지 않은 친구들이다. 초고 마감을 앞두고 벽에 부딪혔을 때 도미니카 공화국 산티아고의 루즈 사모님의 기도 덕분에 집필을 계속할 수 있는 돌파구를 마련했다.

이 글을 쓰는 가운데 나는 작지만 중요한, 예수님을 좇는 제자들의 공동체 '제자들'과 함께 생활하기 시작했다. 더그 웹스터, 덕 필즈, 팀 티먼스, 찰리 켈러, 셰리 앨든, 세스 바틀렛과 더불어 예수님과 느긋하게 생활하는 법을 배울 수 있어서 감사하다.

마지막으로 느긋한 생활의 가장 좋은 친구로 삼십여 년을 함께한 아내 젬에게 고맙다. 젬(Gem)은 보석 같은 아내에게 꼭 맞는 이름이다. 아내를 통해 예수님의 느긋한 생활을 많이 배웠다. 내가 쓴 글대로 살아가기 위해 씨름하고 실수하는 나를 묵묵히 참아주는 아내가 참으로 고맙다. 세 아들 숀, 브라이언, 크리스토퍼에게도 고맙고 또 우리 세대보다 더 느긋하게 사는 법을 배우는 그들 세대에 고맙다. 나는 너희가 자랑스럽다. 주님이 너희와 함께하실 것이다.

주

1장 예수님은 느긋하셨다

1 John Ortberg, *The Life You've Always Wanted* (Grand Rapids: Zondervan, 1997), p. 81. 오트버그가 '5장 천천히 사는 삶'의 서두에 소개한 대목이다.《평범 이상의 삶》(국제제자훈련원).

2 같은 책, p. 84.

3 빌과 달라스 윌라드의 대화를 읽을 수 있는 곳. www.soulshepherding. org/2008/06/dallas-willards-one-word-for-jesus/.

4 Paul Jensen, *Subversive Spirituality: Transforming Mission Through the Collapse of Space and Time* (Eugene, OR: Pickwick, 2009), pp. 62-65 에 더 많은 내용이 있다.

5 Percy C. Ainsworth, "Faith and Haste," *Weavings*, 2003년 1/2월, p.11.

6 Ronald Boyd-MacMillan, *Faith That Endures* (Grand Rapids: Revell, 2006), pp. 306-309.

7 같은 책, p. 307.

8 같은 책, p. 308.

9 피터 크레이그의 주석 번역[in *Psalms 1-50*, Word Biblical Commentary (Waco, TX: Word, 1983), p. 342]은 시편 46편 10절을 "내가 하나님이니 너희는 느긋하게 있으라"라고 옮긴다.

10 Wayne Muller, *Sabbath* (New York: Bantam Books, 1999), p. 70. 《휴》 (도솔).

11 J. B. Phillips, *Your God Is Too Small* (New York: Macmillan, 1961), pp. 55-56. 《당신의 하나님은 누구인가?》(아바서원).

2장 인기를 얻을 텐가, 제자를 얻을 텐가

1 Elton Trueblood, "The Problem of the Crowd," in *The Yoke of Christ and Other Sermons* (New York: Harper & Brothers, 1958), pp. 110-111.

2 Paul Jensen, *Subversive Spirituality: Transforming Mission Through the Collapse of Space and Time* (Eugene, OR: Pickwick, 2009), pp. 107-108.

3 Dallas Willard, *The Great Omission* (New York: HarperCollins, 2006), p. 44. 《잊혀진 제자도》(복있는사람).

3장 느긋한 사람은 게으르지 않다

1 Gerald May, *The Awakened Heart* (San Francisco: HarperSanFrancisco, 1991), pp. 94-95. 《사랑의 각성》(IVP).

2 Brenda Ueland, *If You Want to Write* (Saint Paul, MN: Graywolf Press, 1938, 1987), p. 33. 《글쓰기의 유혹》(다른생각).

3 Kathleen Norris, *Acedia and Me* (New York: Riverhead Books, 2008), p. 3.

4 Columba Stewart, *Prayer and Community: The Benedictine Tradition* (Maryknoll, NY: Orbis Books, 1998), p. 76에서 인용.

5 같은 책, p. 77.

6 Carl Honoré, *In Praise of Slowness* (San Francisco: HarperSanFrancisco, 2004), pp. 209-210.《느린 것이 아름답다》(대산출판사).

7 Norris, *Acedia and Me*, pp. 130-131에서 인용.

8 John Ortberg, *The Life You've Always Wanted* (Grand Rapids: Zondervan, 1997), p. 78.《평범 이상의 삶》(국제제자훈련원).

9 Henri Nouwen, *The Way of the Heart* (New York: Harper & Row, 1981), p. 63.《마음의 길》(분도출판사).

10 Joshua Choonmin Kang, *Deep-Rooted in Christ* (Downers Grove, IL: InterVarsity Press, 2007), p. 101.《뿌리 깊은 영성》(두란노).

11 May, *Awakened Heart*, pp. 94-95.《사랑의 각성》(IVP).

12 Thomas Merton, *The Last of the Fathers* (New York: Harcourt Brace Jovanovich, 1954), p. 60.

13 Thomas Merton, *New Seeds of Contemplation* (New York: New Directions, 1961), pp. 206-207.《새 명상의 씨》(가톨릭출판사).

14 Fr. Jean Baptiste Saint-Jure and Claude de la Colombiere, S.J., *Trustful Surrender to Divine Providence* (Charlotte, NC: TAN Books, 1983), pp. 77-78.

4장 유혹, 느긋해야 이긴다

1 Kosuke Koyama, *Three Mile an Hour God* (Maryknoll, NY: Orbis, 1979), p. 3.

2 Ronald Boyd-MacMillan, *Faith That Endures* (Grand Rapids: Revell, 2006), p. 6.

3 Shirley Carter Hughson, *The Spiritual Letters of Shirley Carter Hughson* (West Park, NY: Holy Cross Press, 1953), p. 34.

4 Henri Nouwen, *In the Name of Jesus* (New York: Crossroad, 1991), p. 38.《예수님의 이름으로》(두란노).

5장 느긋해야 사랑한다

1 Eugene Peterson, *Tell It Slant* (Grand Rapids: Eerdmans, 2008), p. 72 에서 인용.《비유로 말하라》(IVP).

2 Kosuke Koyama, *Three Mile an Hour God* (Maryknoll, NY: Orbis, 1979), p. 7.

3 같은 책, p. 35.

4 Mark Buchanan, *The Rest of God: Restoring Your Soul by Restoring Sabbath* (Nashville: W Publishing Group, 2006), p. 79에서 인용.《하나님의 휴식》(가치창조).

5 Gerald May, *The Awakened Heart* (San Francisco: HarperSanFrancisco, 1991), p. 4.《사랑의 각성》(IVP).

6 Cecile Andrews, *Slow Is Beautiful* (Gabriola Island, BC: New Society Publishers, 2006), p. 79.

7 May, *Awakened Heart*, p. 78.《사랑의 각성》(IVP).

8 Paul Jensen, *Subversive Spirituality* (Eugene, OR: Pickwick, 2009), p. 63. 인용 출처. D. K. Ulmer and L. Schwartzburd, "Treatment of Time Pathologies," *Heart and Mind: The Practice of Cardiac Psychology*, ed. Robert Allan and Stephen Scheidt (Washington, DC: American Psychological Association, 1996), p. 331.

9 Paul Jensen, *Subversive Spirituality* (Eugene, OR: Pickwick, 2009), p. 64. 인용 출처. D. K. Ulmer and L. Schwartzburd, "Treatment of Time Pathologies," *Heart and Mind: The Practice of Cardiac Psychology*, ed. Robert Allan and Stephen Scheidt (Washington, DC: American Psychological Association, 1996), p. 331.

6장 느긋해야 기도한다

1 W. F. Adams, *Thoughts from the Note-Books of a Priest Religious*

(Westminster: Faith Press, 1949), p. 7.

2 Henri Nouwen, *Spiritual Formation* (New York: HarperOne, 2010), p. 20. 《두려움에서 사랑으로》(두란노).

3 E. Glenn Hinson, *Spiritual Preparation for Christian Leadership* (Nashville: Upper Room, 1999), p. 85. 《기독교 영성 목회》(은성).

4 Frank Lauback, *Letters by a Modern Mystic* (Westwood, NJ: Fleming H. Revell, 1937, 1958), p. 56. 《프랭크 루박의 편지》(생명의말씀사).

7장 안식, 창조의 흐름을 따르라

1 Eugene Peterson, *Working the Angels* (Grand Rapids: Eerdmans, 1987), pp. 68-69. 《균형 있는 목회자》(좋은씨앗).

2 Abraham Heschel, *The Sabbath* (New York: Farrar, Strauss & Young, 1951), p. 14. 《안식》(복있는사람).

3 유급 휴가의 약 5분의 1을 쓰지 않는 미국인들의 휴기 기피증에서 이런 경향이 나타난다. Carl Honoré, *In Praise of Slowness* (San Francisco: HarperSanFrancisco, 2004), pp. 209-210. 《느린 것이 아름답다》(대산출판사).

4 Gerald May, *The Awakened Heart* (San Francisco: HarperSanFrancisco, 1991), p. 95. 《사랑의 각성》(IVP).

5 Allen Johnson, "In Search of the Affluent Society," *Human Nature* (September 1978): 50-59, in Robert Levine, *A Geography of Time: The Temporal Misadventures of a Social Psychologist* (New York: BasicBooks, 1997), pp. 13-14.

6 Mark Buchanan, *The Rest of God: Restoring Your Soul by Restoring Sabbath* (Nashville: W Publishing Group, 2006), p. 98. 《하나님의 휴식》(가치창조).

7 Henri Nouwen, *Spiritual Direction* (San Francisco: HarperSanFrancisco,

2006), pp. 28-29. 《영성 수업》(두란노).

8 Tilden Edwards, *Sabbath Time* (Nashville: Upper Room, 1992), p. 15.

9 같은 책, p. 13.

10 조사에 따르면 시청자들은 대개 TV 시트콤 시청 후 가벼운 우울증을 느낀다. Martin Seligman, *Authentic Happiness* (New York: Free Press, 2004), p. 117. 《긍정심리학》(물푸레).

11 Joan Chittister, OSB, *Wisdom Distilled from the Daily* (New York: HarperCollins, 1990), p. 97.

12 같은 책, p. 100.

13 Stuart Brown, *Play* (New York: Penguin, 2009), p. 17. 《플레이》(흐름출판).

14 Wayne Muller, *Sabbath: Finding Rest, Renewal, and Delight in Our Busy Lives* (New York: Bantam Books, 1999), pp. 82-83. 《휴》(도솔).

15 Thomas Merton, *No Man Is an Island* (New York: Harcourt Brace & Company, 1995), p. 123. 《인간은 섬이 아니다》(성바오로출판사).

16 아모스 8장 4-6절, 열왕기하 4장 23절, 이사야 66장 23절 참고.

8장 고난, 뜻밖에 찾아온 여유를 누리라

1 J. B. Phillips, *Your God Is Too Small* (New York: Macmillan, 1961), p. 7. 《당신의 하나님은 누구인가?》(아바서원).

2 2011년 11월 30일, *Conversations Journal* 블로그에 처음 소개된 글. http://conversationsjournal.com/2011/11/pain-slows-us-down/.

3 John of the Cross, "The Dark Night," *John of the Cross: Selected Writings*, ed. Kieran Kavanaugh (New York: Paulist Press, 1987), p. 186 (book one, ch. 10.5).

4 F. B. Meyer, *The Secret of Guidance* (Chicago: Moody Press, n.d.), p. 80. 볼드체 강조는 원문을 따랐다. 《주님의 인도하심의 비밀》(생명의

말씀사).

9장 성숙, 성장에는 시간이 걸린다

1 Eugene Peterson, *Practice Resurrection* (Grand Rapids: Eerdmans, 2010), p. 133.《부활을 살라》(IVP).

2 Brother Lawrence, *The Practice of the Presence of God*, trans. Salvatore Sciurba, OCD (Washington, DC: ICS Publications, 1994), p. 67.《하나님의 임재 연습》.

3 Baron Friedrich von Hügel, *Selected Letters 1896-1924*, ed. Bernard Holland (London: J. M. Dent & Sons, 1927), p. 266.

4 Paul E. Hersey and Kenneth Blanchard, *Management of Organizational Behavior: Utilizing Human Resources*, 5th ed. (Englewood Cliffs, NJ: Prentice Hall, 1988), p. 4. 작은따옴표 강조는 내가 했다.《조직 행동의 관리》(경문사).

5 Shirley Carter Hughson, *The Spiritual Letters of Shirley Carter Hughson* (West Park, NY: Holy Cross Press, 1953), pp. 212-213.

6 Peterson, *Practice Resurrection*, p. 7.《부활을 살라》(IVP).

7 Kent Carlson and Mike Lueken, *Renovation of the Church* (Downers Grove, IL: InterVarsity Press, 2011)에서 이런 실험의 좋은 예를 찾을 수 있다.

8 Thomas Kelly, *A Testament of Devotion* (New York: Harper & Brothers, 1941), pp. 36-37.《거룩한 순종》(생명의말씀사).

9 Peterson, *Practice Resurrection*, pp. 222-223.《부활을 살라》(IVP).

10장 영성 훈련으로 여유를 얻으라

1 Elton Trueblood, *The Company of the Committed* (New York: Harper & Row, 1961), pp. 43-44.

2 Paul Jensen, *Subversive Spirituality* (Eugene, OR: Pickwick, 2009), p. 286.

3 Trueblood, *The Company of the Committed*, p. 44.

4 "Insufficient Sleep Is a Public Health Epidemic," Centers for Disease Control and Prevention, 2011년 3월 17일, www.cdc.gov/Features/dsSleep/. 참고.

5 James Gleick, *Faster: The Acceleration of Just About Everything* (New York: Pantheon Books, 1999), p. 122. 《빨리 빨리》(이끌리오).

6 Douglas V. Steere, *Time to Space* (New York: Harper & Brothers, 1949), p. 78.

7 Joan Chittister, OSB, *Wisdom Distilled from the Daily* (New York: HarperCollins, 1990), pp. 98-99.

11장 느긋한 삶은 영생의 축소판이다

1 Søren Kierkegaard, *Purity of Heart Is to Will One Thing* (New York: Harper & Row, 1956), p. 107, in John Ortberg, *The Life You've Always Wanted* (Grand Rapids: Zondervan, 1997), p. 91. 《평범 이상의 삶》(국제제자훈련원).

2 Thomas Kelly, *A Testament of Devotion* (New York: Harper & Brothers, 1941), pp. 55-56. 《거룩한 순종》(생명의말씀사).

3 Richard Rohr, *The Naked Now* (New York: Crossroad, 2009), p. 135.

4 에베소서 1장 18절, 요한계시록 2장 7절, 스바냐 3장 17절, 골로새서 3장 2절, 창세기 12장 2절을 참고하여 풀어서 썼다.

옮긴이 최요한

태국 어섬션 대학교를 졸업하고 연세대학교 대학원에서 영어학을 전공했다. 길을 걷고 생각을 긷고 말을 걷고 글을 옮기며, 느긋한 제자의 삶을 실천하고 있다. 옮긴 책으로 《밥 버포드, 피터 드러커에게 인생 경영 수업을 받다》《C. S. 루이스와 점심을 먹는다면》《내 영혼은 무엇을 갈망하는가》《신의 열애》 등이 있다.

느긋한 제자

초판 1쇄 인쇄 2015년 10월 6일
초판 1쇄 발행 2015년 10월 13일

지은이 앨런 패들링
옮긴이 최요한

펴낸이 박주성
펴낸곳 국제제자훈련원
등록번호 제2013-000170호(2013년 9월 25일)
주소 서울시 서초구 효령로68길 98(서초동)
전화 02)3489-4300   **팩스** 02)3489-4329
이메일 dmipress@sarang.org

ISBN 978-89-5731-699-3 03230

※ 책값은 뒤표지에 있습니다. 잘못된 책은 구입하신 곳에서 교환해드립니다.

국제제자훈련원은 건강한 교회를 꿈꾸는 목회의 동반자로서 제자 삼는 사역을 중심으로 성경적 목회 모델을 제시함으로 세계 교회를 섬기는 전문 사역 기관입니다.